De Gezalfde Bruid

© Copyright 2016, Stichting LoveUnlimited Ministries, Wijk en Aalburg
De Gezalfde Bruid; De betekenis van Zalving en Zalfolie

Onderzoek: Robin Prijs, Esther Prijs
Bewerking: Esther Prijs
Vormgeving: Robin Prijs
Uitgever: Stichting LoveUnlimited Ministries

De in dit boek gebruikte Bijbelvertaling is de HSV, tenzij anders aangegeven.

ISBN: 9789082531206

Contactgegevens:
LoveUnlimited Ministries
De Vlijt 45
4261 XA WIJK EN AALBURG
The Netherlands

E-mail: info@love-unlimited.org

Website:
www.love-unlimited.nl

DE GEZALFDE BRUID

Robin Prijs

INHOUD

VOOR MIJN NEDERLANDSE LEZERS

Lieve broeders en zusters,

Ik weet nog goed dat ik in 2015 erg enthousiast werd omdat ik een aantal van mijn Bijbelstudies gebundeld als een gratis eBook kon publiceren. Natuurlijk had ik daar toen nog geen enkele ervaring mee, dus doen er uiteindelijk een echt eBook online stond was dat mijn eerste gepubliceerde boek. Maar toen werd het 2016. Aan het begin van dat jaar kreeg ik opeens het idee om wat meer van mijn kennis over de Zalving en de Zalfolie te gaan delen op onze websites. Op dat punt stopte de Heer mij echter. Hij zei: "Er is meer, er is veel meer, maar ben je bereid om op zoek te gaan?" Ik wist inmiddels genoeg om te weten dat wanneer de Heer zoiets vraagt, dat Hij je nieuwe schatten wil geven. In Mattheus 7:7 zegt Jezus immers niet voor niets dat je wel moet vragen om te kunnen ontvangen, moet zoeken om te kunnen vinden en moet kloppen om een geopende deur te kunnen zien. Die principes heb ik dan ook toegepast en ik ben op zoek gegaan naar alles wat ik over dit onderwerp kon vinden in Bijbel, aangezien dat voor mij het fundament is. Daarnaast heb ik echter ook uitgebreid onderzoek gedaan naar de geschiedenis van de kerk en de geschiedenis van het Joodse volk. Het resulteerde in een ontdekkingsreis van een half jaar. In de zomer van 2016 had ik zoveel dat ik het niet meer eenvoudig op een website kon publiceren. Tevens besefte ik ook dat ik niet zomaar iets had ontvangen, maar dat de Heer mij belangrijke kennis en inzichten had gegeven die door de eeuwen heen verloren zijn gegaan in de kerk. Daarmee was de keuze dan ook snel gemaakt om deze studie als boek te laten drukken, onder de titel: "De Gezalfde Bruid".

In de zomer van 2016 liet LoveUnlimited 100 exemplaren van het boek drukken. Veel verwachting had ik er niet bij. Als onbekende schrijver was ik in de veronderstelling dat het wel jaren zou duren voordat die exemplaren zouden zijn verkocht. Inmiddels, nu vijf jaar later, is het boek in het Nederlands, Engels en Duits verkrijgbaar en zijn er meer dan 1500 gedrukte en zo'n 1000 digitale boeken verkocht. Er is een sterk zichtbare stijgende lijn te zien, vergezeld met voornamelijk enthousiaste reacties.

Voor u ligt een herziene versie van het boek. De studie zelf is gelijk gebleven, maar ik heb er een extra hoofdstuk aan toegevoegd, naar aanleiding van alle vragen die ik kreeg. In de eerste uitgave trof u tevens alleen de tekstverwijzingen aan, maar in deze versie staan ook alle 345 Bijbelverzen weergegeven, zodat u zelf ook makkelijk kunt toetsen.

Ik blijf benadrukken dat ik in dit avontuur slechts een instrument heb mogen zijn om deze kennis en inzichten op papier te zetten. De credits komen echter niet aan mij toe. Meermaals heb ik gezegd dat de inhoud van dit boek niets met mij te maken heeft. Het is God die mij uitdaagde, God die mij liet vinden, God die mij liet begrijpen en God die mij alles in begrijpelijke taal liet opschrijven. Daarom zie ik het zelf dan ook als Zijn boek. Ik wens u veel zegen bij het lezen van deze herziene uitgave.

VOORWOORD

In de oude tijden heeft de Zalfolie altijd een hele belangrijke en prominente plaats gehad onder het volk van Israël en onder de Christenen in het Nieuwe Testament. Maar op de een of andere manier heeft het gebruik en de betekenis van Zalfolie haar waarde verloren voor de hedendaagse kerk. In z'n algemeenheid heeft het nooit iets aan betekenis verloren, maar voor ons, als de kerk van vandaag, betekent het niet langer wat het ooit betekend heeft voor het volk van Israël en voor de eerste Christenen. Wat is er dan veranderd? God? Of de kerk? We weten dat God nooit verandert, dus dan moeten wij het zijn. Met dit boek en met deze studie is het mijn doel om de kennis, inzicht en het begrip over de Zalving en de Zalfolie terug te geven aan de kerk.

Ik heb veel studies gelezen over Zalfolie, en veel van dat onderwijs kan ook teruggevonden worden in deze studie, maar veel van de inzichten die ik gevonden heb staan nauwelijks vermeld in studies, of worden zelfs helemaal niet vermeld. Aan de ene kant is dat best spannend en gaaf, maar aan de andere kant doet het me toch afvragen hoeveel inzicht wij – als de kerk – hebben verloren door de loop van de laatste eeuwen heen. Maar dat verlies kan hier en nu eindigen.

Wanneer u deze studie leest, dan wil ik u aanmoedigen om deze inzichten, kennis en wijsheid niet als 'het antwoord' te gebruiken of om deze te accepteren als een nieuwe leerstelling. Het is mijn hoop, verlangen en gebed dat u deze studie zult gebruiken als uw beginpunt, als een handvat en middel, om de geweldig rijke waarheid erachter te ontdekken en om te vinden wat God tegen u persoonlijk wil zeggen. Informatie is slechts informatie, slechts een hoeveelheid kennis, wanneer God onze ogen niet opent. De eerste fout die de mensheid maakte was om te gaan vertrouwen op kennis, wat een verlangen liet zien om onafhankelijk van God te zijn en wat een vrucht is van trots. Alleen de Geest van God kan het Woord van God levend in u maken, alsof u het Woord leest in verschillende dimensies. Die gave van wijsheid en begrip is niet slechts bedoeld voor een select groepje mensen, maar is beschikbaar voor een ieder die ervoor kiest om afhankelijk te zijn van God, voor wie de tijd neemt om Zijn Woord te bestuderen en voor wie hun harten erop zetten om de antwoorden te vinden, met de houding om niet op te geven, totdat zij gevonden hebben waar ze naar zochten. Dat is wat Jezus bedoelde in Mattheüs, en ook ik moedig u aan om dit te doen.

Bid, en u zal gegeven worden; zoek, en u zult vinden; klop, en er zal voor u opengedaan worden. Want ieder die bidt, die ontvangt; wie zoekt, die vindt; en voor wie klopt zal opengedaan worden.
Mattheüs 7:7-8

Daar wil ik nog iets meer aan toevoegen. Niet alleen is het belangrijk om te vragen, te zoeken en te kloppen, het is net zo belangrijk om altijd alles te toetsen. In tijden als deze, waar er zovelen meningen en verschillende soorten geloven zijn, zelfs binnen de kerk, is de enige echte houvast en de rots die u heeft het Woord van God. Alles wat van de Geest van God afkomstig is is nooit in strijd met het Woord van God.

Blus de Geest niet uit. Veracht de profetieën niet. Beproef alle dingen, behoud het goede. Onthoud u van elke vorm van kwaad.
1 Thessalonicenzen 5:19-22

Terwijl u deze studie leest, wil ik u aanmoedigen om uw Bijbel te openen en om alle Bijbelverzen ook zelf op te zoeken. Vraag de Heilige Geest om u de gave van wijsheid, inzicht en begrip te schenken. Wanneer de woorden die u tot God spreekt overeenkomen met wat er in uw hart leeft, en wanneer deze in lijn zijn met het Woord van God, dan zal het u gegeven worden.

De Zalving, de Zalfolie en alles wat daarmee verbonden is, worden bijzonder veel vermeld in de Bijbel. Maar wist u dat er 345 Bijbelverzen in 201 hoofdstukken zijn die hierover spreken? En wist u dat de naam 'Messias' of 'Christus', 'de Gezalfde' betekend en dat dit woord 596 keren voorkomt in de Bijbel? Probeert God ons iets duidelijk te maken? Ik geloof van wel.

Aanbid God. Het getuigenis van Jezus is namelijk de geest van de profetie.
Openbaring 19:10

HOOFDSTUK 1

DE HERKOMST VAN DE ZALVING

Wanneer we de Bijbel beginnen te lezen, in onze zoektocht naar de betekenis van Zalving en Zalfolie, dan kunnen we het eerste gebruik vinden in het boek Genesis, waar Jakob de plaats Bethel zalfde. Maar wanneer u het Woord van God regelmatig leest, dan weet u dat niet alles in de Bijbel in chronologische volgorde vermeld staat. Wanneer we alle gedeeltes van de Bijbel, die over dit onderwerp spreken, in chronologische volgorde plaatsen, dan kunnen we een soort tijdlijn neerzetten. Ik zeg 'een soort tijdlijn', aangezien het een beetje lastig is om die term te gebruiken, aangezien de tijd nog niet bestond op dat moment. Ik heb het dan over het moment van de val van het schepsel dat wij nu kennen als satan, maar wie op dat moment bekend was als Lucifer.

Voordat de aarde werd geschapen, voordat de tijd werd geschapen, bestond het Koninkrijk van de Hemel al. Hoewel er gedeeltes van de Bijbel zijn die over de hemel spreken, verteld het Woord ons niet heel veel over wat er gebeurd is voordat de aarde en de tijd werden geschapen. Maar wat we wel weten is dat er een moment was waar alles perfect en in lijn van God was. Het was de tijd toen satan nog steeds Lucifer werd genoemd, wat 'Lichtdrager' of 'Stralende' betekend. Later wordt er zelfs naar hem verwezen als de 'zoon van de morgen', vanwege het stralende uiterlijk dat hij had. Volgens de Septuagint, het Griekse Oude Testament, kan het ook vertaald worden als 'brenger van de morgenstond' of 'morgenster'.

Zoals u wellicht wel of niet weet, is het Koninkrijk van God bijzonder gestructureerd. Ieder schepsel heeft zijn specifieke taak en doel. Het schepsel dat toen bekend stond als Lucifer, was de onderbevelhebber in het Koninkrijk van de Hemel. Hij had de op één na hoogste rang, met alleen God boven hem. De profeet Ezechiël omschrijft die situatie in het gedeelte van de Bijbel dat spreekt over de eerste Zalving in de 'tijdlijn'.

U, toonbeeld van volkomenheid, vol wijsheid en volmaakt van schoonheid,

u was in Eden, de hof van God. Allerlei edelgesteente was uw sieraad: robijn, topaas en diamant, turkoois, onyx en jaspis, saffier, smaragd, beril en goud. Het werk van uw tamboerijnen en uw fluiten was bij u. Op de dag dat u geschapen werd, waren ze gereed. U was een cherub die zijn vleugels beschermend uitspreidt. Daarvoor heb Ik u aangesteld. U was op Gods heilige berg, u wandelde te midden van vurige stenen. Volmaakt was u in uw wegen, vanaf de dag dat u geschapen werd, totdat er ongerechtigheid in u gevonden werd.
Ezechiël 28:13-15

Het schepsel, dat eens als Lucifer omschreven werd, had een hemels lichaam dat een muziekinstrument voor aanbidding was. Hij was de aanbiddingsleider van de hemel. Merk ook op dat hij niet 'een cherub' of 'één van de cherubs' was, maar hij was de enige cherub. Meer dan dat zelfs, hij werd 'de gezalfde cherub' genoemd, zoals letterlijk in de brontekst vermeld staat, maar in het Nederlands achterwege is gelaten. Het feit dat hij de gezalfde cherub werd genoemd toont aan wat voor enorme autoriteit hij had. Het feit dat hij gezalfd was was reeds zichtbaar in zijn naam, zijn identiteit. Gezalfd zijn betekend 'schijnend', 'rijkdom', 'vet', 'vruchtbaar', 'olieachtig', 'stralend', 'helderheid', als iemand die het Licht draagt en uitstraalt. Maar het staat ook voor toewijding, voor apart gezet zijn voor God, geselecteerd door God en aangesteld door God. Veel van die betekenissen kunnen teruggevonden worden in de naam en identiteit van Lucifer.

God zal nooit voorbijgaan aan Zijn gezagsstructuren. Alleen iemand die hoger in rang is, hoger in autoriteit, kan iemand aanstellen. Maar alleen tot het niveau van hemzelf, nooit hoger. Aangezien er niemand was die aan Lucifer gelijk was, hij was tenslotte de enige gezalfde cherub, was er maar Eén Die Lucifer gezalfd en aangesteld kon hebben voor zijn functie als cherub en onderbevelhebber. Die Persoon was God Zelf. En dat laat de oorsprong van de Zalving zien, want het komt uit God Zelf voort. Het is Zijn idee, Zijn initiatief en Zijn autoriteit. Zoals we in de Bijbel kunnen zien is die situatie lange tijd erg goed gegaan. Lucifer werd het toonbeeld (of letterlijk 'het zegel') van perfectie, was vol van wijsheid, volmaakt van schoonheid en hij straalde het Licht van God uit, zoals zijn (voormalige) naam suggereert. Totdat er ongerechtigheid in hem gevonden werd.

Promotie in Gods Koninkrijk kan alleen verkregen worden door verootmoediging. Want een ieder die zichzelf vernederd zal verhoogd worden. Maar een ieder die zichzelf verhoogd zal vernederd worden. Lucifer zag zijn eigen schoonheid, overwoog zijn wijsheid en autoriteit, en vond zijn positie niet langer goed genoeg. Hij wilde meer. Hij wilde aan God gelijk zijn. Het wilde God zijn. Hij moet gedacht hebben dat hij dat wel 'verdiend' had. Zijn exacte gedachten staan vermeld in het boek Jesaja.

En ú zei in uw hart: Ik zal opstijgen naar de hemel; tot boven Gods sterren zal ik mijn troon verheffen, ik zal zetelen op de berg van de ontmoeting aan de noordzijde. Ik zal opstijgen boven de wolkenhoogten, ik zal mij gelijkstellen met de Allerhoogste.
Jesaja 14:13-14

Hier zien we het verlangen om onafhankelijk van God te zijn, wat de zonde van trots is, het grootste gevaar voor ieder schepsel. En zo begon hij aan zijn kwade plan van rebellie tegen God, samen met een derde van alle engelen, wat overigens verassend veel is. Hij dacht werkelijk dat hij een kans had om te winnen. Dat niveau van domheid kan nauwelijks in woorden worden uitgedrukt. En hoe groot was zijn val.

Hoe bent u uit de hemel gevallen, morgenster, zoon van de dageraad! U ligt geveld op de aarde, overwinnaar over de heidenvolken!
Jesaja 14:12

Door de overvloed van uw handel vulde men uw midden met geweld, en ging u zondigen. Daarom verbande Ik u van de berg van God, en deed Ik u verdwijnen, beschermende cherub, uit het midden van de vurige stenen. Vanwege uw schoonheid werd uw hart hoogmoedig, u richtte uw wijsheid te gronde vanwege uw luister. Ik wierp u ter aarde, Ik stelde u voor koningen, opdat zij op u neer zouden zien. Vanwege de overvloed van uw ongerechtigheden door uw oneerlijke handel ontheiligde u uw heiligdommen. Daarom deed Ik een vuur uit uw midden oplaaien, en dat verteerde u. Ik maakte u tot een hoop as op de grond voor de ogen van

allen die naar u keken. Allen onder de volken die u kennen, zijn ontzet
over u. U bent een voorwerp van verschrikking geworden en u zult niet
meer bestaan tot in eeuwigheid.
Ezechiël 28:16-19

De meeste Bijbelvertalingen vertalen dit gedeelte niet goed genoeg. Het
gaat namelijk nog een stuk verder dan hier omschreven is. Letterlijk zegt
het "Er is geen jij meer, tot aan het volgende eon". De diepte van dat
oordeel kan nauwelijks voorgesteld worden. Het is de meest intense en
vergaande vorm van vernedering die mogelijk is. Vanwege dit oordeel:

- Werd Lucifer voor eeuwig verbannen uit Gods aanwezigheid;
- Werd Lucifer vernederd en verslagen, voor het oog van alle levende
  schepsels;
- Werd Lucifer's prachtige lichaam vernietigd door Gods vuur;
- Door het oordeel "Er is geen jij meer", ontnam God hem zijn naam;
- Omdat zijn naam hem was ontnomen was zijn identiteit weg;
- Omdat zijn identiteit weg was, verloor hij al zijn autoriteit;
- Vanwege dit alles was hij ontdaan van de Zalving.

Hoe groot is zo'n val! Van onderbevelhebber in het Koninkrijk der
Hemelen, van de Gezalfde Cherub, naar een grote nul, een niemand,
een schepsel wiens naam en identiteit niet eens meer erkend worden
door de Almachtige God. Dat is wat het betekent wanneer God u vertelt
dat u niet meer bent. Het is de meest intense vorm van verwerping die
mogelijk is. Omdat God hem van zijn naam ontdaan heeft zal ik deze
vanaf dit punt ook niet meer noemen, en hem satan noemen. Maar is
het u ook opgevallen dat de letterlijke vertaling niet "voor eeuwig" zegt,
maar "tot aan eon". Dat betekent dat er een moment komt waar satan
weer macht en autoriteit zal verkrijgen.

Een eon is een tijdsindicator, zoals een jaar, een decennium, een eeuw etc.
Een eon is echter de hoogste vorm van tijdsindicatie, hoewel de lengte
daarvan niet (bij mensen) bekend is. Een eon is een reeks van tijdperken,
welke door God zijn aangesteld en gemeten. Alleen Hij weet wanneer
een eon eindigt en wanneer het volgende eon begint. In dit geval weten
wij echter wel met wat het zal beginnen. We weten dat gegeven identiteit

ook autoriteit geeft. Toen de mensheid viel voor zonde heeft satan macht over de aarde verkregen. In 2 Korinthe 4:4 wordt hij ook de 'god van dit eon' genoemd, maar hij heeft geen macht om de heiligen te overwinnen! Dat betekend dat hij zijn volledige autoriteit nog niet terug heeft, hoewel de Bijbel ons vertelt dat er wel een moment gaat komen waar dat gaat gebeuren.

En het beest werd macht gegeven om oorlog te voeren tegen de heiligen en om hen te overwinnen, en hem werd macht gegeven over elke stam, taal en volk. En allen die op de aarde wonen, zullen het aanbidden, althans van wie de namen niet zijn geschreven in het boek des levens van het Lam Dat geslacht is, van de grondlegging van de wereld af.
Openbaring 13:7-8

Dit is waarom het Woord zegt dat hij niet meer is tot aan eon. Het spreekt over een komend eon, waar hij nog eenmaal macht zal verkrijgen. Maar hoewel hij macht zal verkrijgen, zal hij nooit meer met Goddelijke Zalving gezalfd worden en is zijn bestemming reeds bepaald.

En de duivel, die hen misleidde, werd in de poel van vuur en zwavel geworpen, waar ook het beest en de valse profeet reeds zijn. En zij zullen dag en nacht gepijnigd worden in alle eeuwigheid.
Openbaring 20:10

Vanaf het moment dat satan uit de hemel viel, heeft God nooit meer iemand zoals hij geschapen. In plaats daarvan schiep Hij twee Gezalfde cherubs, gelijk in perfectie, gelijk in schoonheid, gelijk in autoriteit en gelijk in wijsheid. Geen van beiden kan opscheppen over hun perfectie of over iets anders, want er is altijd iemand precies zoals zijzelf, recht tegenover hun. Zoals u kunt zien in het beeld van de genadetroon, welke op de ark van het verbond (of getuigenis) staat, bevinden deze twee Gezalfde cherubs zich aan weerszijden van de troon van God, met hun aangezichten naar elkaar toe, en bedekken zij de glorie van God.

Het gebruik van Zalfolie en Zalving werd vanuit de hemel op aarde voortgezet, vanaf het moment dat de mens werd geschapen. De Bijbel vermeldt niet echt dat dit vanaf het moment van de schepping was, maar wanneer we naar de situatie in de hemel kijken en die lijn volgen, dan lijkt dit voor de hand liggend. Laat me direct duidelijk zijn door te zeggen dat u dit niet als de waarheid kunt aannemen, aangezien het niet getoetst kan worden. Maar we kunnen het wel als een mogelijk scenario accepteren, aangezien de Bijbel hier verder geen melding over maakt. De hof van Eden was een plaats die ook in de Hemel bestond en bestaat. De hof die God op aarde schiep was een beeld van de hof in de Hemel, net zoals er een Jeruzalem op aarde bestaat en er een Jeruzalem in de hemel bestaat, welke op een dag het bestaande Jeruzalem zal vervangen. Vanuit Zacharia 4 en Openbaring 11 weten we dat er olijfbomen staan in de hof van de Hemel, en dat deze het doel dienen van Zalving en Licht.

Een ander opmerkelijk gegeven is dat toen de duif, na de zondevloed, naar Noach terugkeerde, deze als eerste een olijfblad met zich meenam. Vanwege deze gebeurtenis is het olijfblad een algemeen geaccepteerd symbool van vrede en voorspoed geworden. Daarna droeg God Noach op om vruchtbaar te zijn en om talrijk te worden, net zoals Hij tegen Adam zei, voordat Hij hem in de hof van Eden plaatste. Diverse bronnen gaan vrij ver door te beweren dat het olijfblad een blad van de boom des Levens was, maar veel van die bronnen kunnen niet echt als betrouwbaar worden geacht. Vanzelfsprekend kan het geen blad van de boom des Levens zijn, aangezien die boom op aarde niet meer bereikbaar was voor de mens. Maar de boom des Levens kan in theorie wel een olijfboom zijn geweest. De Bijbelse definitie van een vrucht is alles wat het zaad in zichzelf draagt (Genesis 1:11). Dit betekent dat de olijf een vrucht van de boom des Levens zou kunnen zijn geweest, aangezien deze ook het zaad in zich draagt en aan een boom groeit. Maar de bronnen zijn niet echt betrouwbaar en de Bijbel vermeld ook niet wat voor soort vrucht er aan de boom des Levens groeide, hoewel vele Christenen nog steeds geloven dat het een appel was, wat zeer zeker nergens vermeld staat en derhalve ook gebaseerd is op een aanname.

In veel gevallen is het bekend dat sommige situaties niet werden omschreven of dat er geen details werden gegeven in de Bijbel, aangezien het voor die tijd zo gebruikelijk was, dat het voor de mensen van die tijd voor de hand liggend was. Dat zou hier ook het geval kunnen zijn. Opmerkelijk is wel dat het gebruik van Zalfolie zomaar vanuit het niets wordt vermeld. Dat is het moment waar Jakob Bethel zalfde (Genesis 28:18), en dat is tevens het moment dat de tweede plaats in onze 'tijdlijn' inneemt. Het Woord vermeld niet waar dat gebruik vandaan kwam, maar als we het verhaal lezen, dan lijkt het een algemeen gebruik te zijn geweest en wilde Jakob op een passende wijze reageren. Dat was het moment waar Jakob de naam Israël kreeg. Opnieuw zei God: "*Wees vruchtbaar en word talrijk*".

En God verscheen opnieuw aan Jakob, nadat hij uit Paddan-Aram gekomen was, en Hij zegende hem. God zei toen tegen hem: Uw naam is Jakob, maar uw naam zal voortaan niet meer Jakob luiden, maar Israël zal uw naam zijn; en Hij gaf hem de naam Israël. Verder zei God tegen hem: Ik ben God, de Almachtige. Wees vruchtbaar en word talrijk. Een volk, ja, een menigte van volken zal uit u ontstaan; koningen zullen uit uw lichaam voortkomen. Dit land, dat Ik Abraham en Izak gegeven heb, dat zal Ik aan u geven; en aan uw nageslacht na u zal Ik dit land geven. Toen voer God op, bij hem vandaan, van de plaats waar Hij met hem gesproken had. Jakob richtte op de plaats waar God met hem gesproken had een gedenkteken op, een stenen gedenkteken. Hij goot er een plengoffer over uit en goot er olie over. En Jakob gaf de plaats waar God met hem gesproken had, de naam Bethel.
Genesis 35:9-15

Daarna vermeldt het Woord nergens meer het gebruik van Zalfolie, tot het moment waar God de wet instelt, in het boek Exodus. De Joodse Encyclopedie vermeldt echter wel dat de Egyptische hiëroglyfen bewijs laten zien dat de Zalfolie werd gebruikt in de periode dat Jozef regeerde over Egypte en in de tijd daarna.

HOOFDSTUK 2

HET GEBRUIK VAN OLIE EN GEUREN IN DE TABERNAKEL

Zoals we weten komt de olie van de olijf en de olijf van de olijfboom, de bron van de olie. De volgende plaats in onze 'tijdlijn' word ingenomen door het moment waar God de wet van de Sabbat vestigt. Het is de derde keer dat de Bijbel melding maakt van de olie, en in dit geval van de bron van de olie. Allereerst ontvingen de Israëlieten de wet aangaande het gebruik van hun land, hun wijngaarden en hun olijfbomen. Ze kregen opgedragen om hun land, wijngaarden en olijfbomen zes jaar te gebruiken en om deze in het zevende jaar braak te laten liggen en met rust te laten. Daarna gaat God verder door de zevende dag van de week in te stellen als Sabbat. Er is dus een sabbatsjaar voor het land, de wijngaarden en de olijfbomen, maar een sabbatdag voor de mensen.

U mag zes jaar uw land bezaaien, en de opbrengst ervan verzamelen, maar in het zevende jaar moet u het met rust laten en het braak laten liggen, zodat de armen onder uw volk kunnen eten; en het overschot ervan kunnen de dieren van het veld eten. U moet hetzelfde doen met uw wijngaard en met uw olijfbomen. Zes dagen moet u uw werk doen, maar op de zevende dag moet u rusten, zodat uw rund en uw ezel kunnen rusten, en de zoon van uw slavin en de vreemdeling op adem kunnen komen.
Exodus 23:10-12

Maar wat veel mensen zich niet realiseren is dat God daar niet stopte. Hij voegde daar nog iets aan toe:

Bij alles wat Ik tegen u gezegd heb, moet u op uw hoede zijn. U mag niet aan de naam van andere goden denken, die mag niet uit uw mond gehoord worden!
Exodus 23:13

Deze geboden waren dus zo waardevol en belangrijk voor God, dat Hij onder geen beding de namen van andere goden wilde horen. Dat was een leermoment voor mij, want toen ik dit las zag ik mezelf onmiddellijk terug in gesprekken over andere religies, waar ik de namen van die goden vaak genoemd heb. En zoals we geleerd hebben in het vorige hoofdstuk is een naam een vorm van erkenning en autoriteit. Door het noemen van de naam van een andere god, erkennen we die god, wat een vorm van afgoderij is. Om die reden heeft God ook de identiteit van satan weggenomen, toen satan uit de hemel viel. Om dit alles te benadrukken maakte God dit niet alleen een verbond, maar Hij maakte het een bloedverbond.

Toen nam Mozes het bloed, sprenkelde het op het volk en zei: Zie, dit is het bloed van het verbond dat de HEERE met u gesloten heeft op grond van al die woorden.
Exodus 24:8

Een aantal verzen verder vertelt de Bijbel ons iets over de verschijning van God, wat zeer interessant is in het licht van deze studie.

De aanblik van de heerlijkheid van de HEERE op de top van de berg was in de ogen van de Israëlieten als een verterend vuur.
Exodus 24:17

Zoals u zich wellicht herinnert betekend gezalfd zijn 'schijnend', 'rijkdom', 'vet', 'vruchtbaar', 'olieachtig', 'stralend', 'helderheid', als iemand die het Licht draagt en uitstraalt. Dit geeft zo'n prachtig beeld van de Bron van de Zalving, God Zelf. Degene Die Licht, Reinheid en Heiligheid uitstraalt. Hij is de Bron van alle geboden die aan de Israëlieten gegeven werden, een special volk dat door God Zelf geselecteerd is. We moeten nooit vergeten dat God deze mensen, deze natie, koos en dat Hij nooit aan het Joodse volk voorbij zal gaan, noch dat Hij zal terugkomen op wat Hij hen beloofd heeft. Zonder die mensen en dat volk zouden we nooit onze Redder en Messias, Jezus Christus, hebben gehad. Ze hebben een enorme rol in de geschiedenis, het heden en God heeft een rol voor ze in de toekomst. Het land Israël en de Joodse bevolking zijn van enorm belang in Gods ogen. Om ook maar iets af te doen aan deze betekenis of van hun belang, is één van de grootste fouten die de kerk kan maken (en gemaakt heeft). Dat is gelijk aan het uitwissen van onze eigen geschiedenis en alle beloften van God. Wij zijn degenen die zijn toegevoegd. De stam draagt ons, niet andersom.

Terwijl hij in Gods aanwezigheid was ontving Mozes vele instructies van de Heer. De eerste instructie was om God een offer te brengen. Niet ieder offer werd zomaar geaccepteerd, maar alleen de offers die vanuit een gewillig hart gegeven waren, wat het belang van ons hart en onze houding aantoont, wanneer wij God iets geven. Onder de dingen die gegeven moesten worden waren:

Olie voor de lamp, specerijen voor de zalfolie en specerijen voor het geurige reukwerk.
Exodus 25:6

Merk op dat mensen alleen kunnen geven wat ze hebben. Aangezien ze op dat moment in de woestijn waren, moesten ze al deze materialen hebben meegenomen uit Egypte. Merk ook op dat God olie vraagt voor de lamp, maar niet voor de Zalfolie. Dit suggereert dat zij reeds Zalfolie hadden en gebruikten. Ik vermoed dat dit ongeparfumeerde Zalfoliën waren, met name omdat God later om specerijen voor de Heilige Zalfolie vraagt (Exodus 35:28). Maar het kan natuurlijk ook dat er zowel geparfumeerde als ongeparfumeerde Zalfoliën werden gebruikt.

Olie en geuren hadden een grote rol in de Tabernakel. In de eerste plaats waren alle voorwerpen in de Tabernakel gezalfd met de Heilige Zalfolie, inclusief de tenten en de kleding van de priesters. Daar komen we later op terug, maar er waren vier items die een blijvende rol hadden. Dit waren de gouden kandelaar, de toonbroden, het reukofferaltaar en – natuurlijk – de Heilige Zalfolie.

De Gouden Kandelaar: Licht
In tegenstelling tot wat veel mensen geloven was de gouden kandelaar nooit een 'kaarsenstandaard' en zal het dat ook nooit zijn. Wij kunnen dan wellicht een kaarsenstandaard gebruiken als een beeld van de gouden kandelaar, maar de originele kandelaar had geen kaarsen, maar olielampen. De gouden kandelaar had zijn plaats in het Heilige, aan de

linkerzijde, na binnenkomst. Deze was gemaakt van zuiver goud, met een stevige stam en zes armen, drie aan iedere zijde. Er zijn verschillende betekenissen voor de kandelaar, maar één ervan is dat Jezus Christus de stam is, zoals ook vermeld staat in het boek Johannes.

Ik ben de Wijnstok, u de ranken; wie in Mij blijft, en Ik in hem, die draagt veel vrucht, want zonder Mij kunt u niets doen.
Johannes 15:5

Het getal zes staat voor het nummer van de mens, gelijk aan de zes armen van de kandelaar. Zonder de stam zouden de armen niet kunnen staan en de lampen kunnen dragen. Ze zouden vallen. Het nummer zeven staat voor Goddelijke compleetheid en laat zien dat Jezus Christus Degene is Die ons compleet maakt en door Wie wij kunnen staan. Zonder Hem kunnen wij niets.

Vervolgens moet u de bijbehorende zeven lampen maken. Men moet die lampen aansteken en licht doen verspreiden in de richting van de voorzijde van de kandelaar.
Exodus 25:37

Ú moet de Israëlieten gebieden dat zij zuivere olie, uit gestoten olijven, voor u meenemen voor het licht, om voortdurend een lamp te laten branden. In de tent van ontmoeting, aan de buitenkant van het voorhangsel dat tegenover de getuigenis is, moeten Aäron en zijn zonen die verzorgen, van de avond tot de ochtend, voor het aangezicht van de HEERE. Dit is voor de Israëlieten een eeuwige verordening, al hun generaties door.
Exodus 27:20-21

Dit is van vandaag de dag nog steeds zo. De gouden kandelaar in de hemel is nog steeds een eeuwige verordening voor alle generaties, namens het volk Israël. Eerst voor Israël, dan voor de heidenen, die aan Gods volk zijn toegevoegd (geënt).

En als de eerstelingen heilig zijn, dan het deeg ook, en als de wortel heilig is, dan de takken ook. Als nu enige van die takken afgerukt zijn, en u, die een wilde olijfboom bent, in hun plaats bent geënt en mede deel hebt

*gekregen aan de wortel en de vettigheid van de olijfboom, beroem u dan
niet tegenover de takken. En als u zich beroemt: U draagt de wortel niet,
maar de wortel u.*
Romeinen 11:16-18

De lampen van de gouden kandelaar moesten continu branden en
branden op olijfolie. De verwijzing naar zuivere olijfolie verwijst niet
naar de afwezigheid van geur oliën, maar naar het soort olijfolie dat
gebruikt moest worden. Het moest pure olijfolie zijn, wat wij vandaag de
dag kennen als olijfolie uit eerste persing of 'virgin oil'. Het betekent dat
het de beste kwaliteit moet zijn. Hoewel er niet veel vermeld staat over
de geuren in de olie voor het Licht, is er wel een vers dat daar melding
van maakt.

*specerijen en olie voor de lamp, voor de zalfolie en voor het geurige
reukwerk.*
Exodus 35:28

De geurige olijfolie was de brandstof voor de lampen. Zoals we verderop
in deze studie zullen uitleggen is de olijfolie een beeld van de Heilige
Geest en vertegenwoordigt het de aanwezigheid van de Heilige Geest in
ons. Maar de aanwezigheid van deze brandstof was niet zichtbaar van
buitenaf, totdat de lampen begonnen te branden. En net zoals de priester
de lampen dagelijks moest bijvullen, zodat de lampen continu bleven
branden, zo vult onze Hogepriester in de hemel ons ook steeds met de
Heilige Geest, zodat we continu kunnen schijnen.

*Jezus dan sprak opnieuw tot hen en zei: Ik ben het Licht der wereld; wie
Mij volgt, zal beslist niet in de duisternis wandelen, maar zal het licht van
het leven hebben.*
Johannes 8:12

Het leven van onze Messias, Jezus Christus, was en is het ultieme
voorbeeld voor het Christelijke leven. Duisternis is heel eenvoudig de
afwezigheid van Licht, zoals kwaad de afwezigheid van God is. Door
naar deze aarde te komen was één van de dingen die Jezus deed het Licht
van God met Zich meenemen, samen met de belofte dat een ieder die

Hem volgt nooit meer in duisternis hoeft te lopen, maar het Licht des levens zal hebben. Het Licht des levens, waar Jezus over sprak, was en is het Licht van Jezus Zelf, want Hij is de Weg, de Waarheid en het Leven.

U bent het licht van de wereld. Een stad die boven op een berg ligt, kan niet verborgen zijn. En ook steekt men geen lamp aan en zet die onder de korenmaat, maar op de standaard, en hij schijnt voor allen die in het huis zijn.
Mattheüs 5:14-16

Volgend in de voetstappen van Jezus, met de Heilige Geest in ons, en met Zijn vuur om ons in vuur en vlam te zetten, worden ook wij het licht van de wereld. Het beeld hiervan is dat de mensen om ons heen het licht mogen zien dat wij verspreiden, wat het Licht van Jezus is. Opdat zij het mogen zien en Hem mogen kennen en onze Hemelse Vader verheerlijken.

De Toonbroden: Gemeenschap

De tafel met de toonbroden (of 'het brood der aanwezigheid') kon gevonden worden aan de rechterzijde, na binnenkomst in het Heilige, recht tegenover de gouden kandelaar. De tafel bevatte twaalf broden, wat de twaalf stammen van Israël vertegenwoordigd. Iedere week, op de Sabbat, werden er vers gebakken broden op de tafel neergelegd. Het oude brood werd weggehaald en opgegeten door de priesters. Bovenop de stapels toonbroden lag pure wierrook (niet gemixt met olie of met iets anders).

U moet ook op elke rij zuivere wierook leggen, en die zal dienen als gedenkoffer voor het brood. Het is een vuuroffer voor de HEERE.
Leviticus 24:7

De wierrook symboliseert onze gebeden en aanbidding, welke ook eenvoudig uitgelegd kunnen worden als praten met God. Samen eten werd en word beschouwd als een daad van gemeenschap en vriendschap, een vorm van eenheid. Het beeld van de toonbroden laat Gods bereidheid en verlangen zien om gemeenschap met Zijn volk te hebben. Met ander woorden, het laat Zijn verlangen zien om terug te praten naar ons, om een relatie met ons te hebben. Het feit dat vele mensen in zonde leefden of leven doet niets af aan dat feit. Hij verlangt ernaar dat allen gered zullen worden en om gemeenschap met hen te hebben.

Eten met iemand die onheilig was, zoals de tollenaars (deurwaarders) en prostituees, werd beschouwd als schaamte en schande. Toch was dit precies wat Jezus deed toen Hij op aarde liep. De toonbroden lagen in het Heilige, een plaats die alleen toegankelijk was voor de priesters. Jezus verwees naar Zichzelf als zijnde dit brood.

En Jezus zei tegen hen: Ik ben het Brood des levens; wie tot Mij komt, zal beslist geen honger hebben, en wie in Mij gelooft, zal nooit meer dorst hebben.
Johannes 6:35

Ik ben het Brood des levens. Uw vaderen hebben het manna gegeten in de woestijn en zij zijn gestorven. Dit is het brood dat uit de hemel neerdaalt, opdat de mens daarvan eet en niet sterft. Ik ben het levende brood, dat uit de hemel neergedaald is; als iemand van dit brood eet, zal hij leven in eeuwigheid. En het brood dat Ik geven zal, is Mijn vlees, dat Ik geven zal voor het leven van de wereld.
Johannes 6:48-51

Door dit te zeggen liet Jezus Christus het diepe verlangen van God zien, om niet alleen gemeenschap met de priesters te hebben, maar ook met gewone mensen. Hij kwam voor allen.

Het Reukofferaltaar: Gebed En Aanbidding
Het reukofferaltaar was het derde voorwerp dat in het Heilige stond. Wanneer u het Heilige binnenging, en tussen de gouden kandelaar (aan uw linkerzijde) en de tafel met de toonbroden (aan uw rechterzijde) doorliep, richting het voorhangsel dat het Heilige scheidde van het Heilige der Heilige, dan stond het reukofferaltaar in het midden, voor het voorhangsel. Dit was één van de twee altaren. Het eerste was het koperen altaar, welke in het voorhof van de Tabernakel stond en bedoeld was voor het offeren van dieren. Het reukofferaltaar was precies hetzelfde model, maar een vijfde van de omvang van het koperen altaar,

en het stond in het Heilige. Dit altaar was bedekt met zuiver goud. Het was niet toegestaan om bloed op dit altaar te offeren, hoewel een kleine hoeveelheid van het bloed van de offers, die op het koperen altaar waren gebracht, wel op de hoorns van het reukofferaltaar werd aangebracht, als een zalving met bloed.

In geestelijke zin staat het reukofferaltaar voor de gebeden en de aanbidding van de heiligen, zoals gezien kan worden in het boek Openbaring.

En toen Het de boekrol genomen had, wierpen de vier dieren en de vierentwintig ouderlingen zich vóór het Lam neer. Zij hadden elk een citer en gouden schalen vol reukwerk. Dit zijn de gebeden van de heiligen.
Openbaring 5:8

En er kwam een andere engel, die met een gouden wierookvat bij het altaar ging staan. Aan hem werd veel reukwerk gegeven, opdat hij dat samen met de gebeden van alle heiligen op het gouden altaar vóór de troon zou leggen. En de rook van het reukwerk steeg, met de gebeden van de heiligen, uit de hand van de engel op tot vóór God.
Openbaring 8:3-4

Het is voor de hand liggend dat er ook olie werd gebruikt op het reukofferaltaar, zoals gesuggereerd word in Exodus 30:35 en Exodus 35:28.

De Heilige Zalfolie: Bekrachtiging
Tot slot was er natuurlijk nog de Heilige Zalfolie. Dit was geen Zalfolie zoals iedere andere geurolie die werd gebruikt onder de Israëlieten. Het was een speciale olie, gemaakt volgens een samenstelling die God gegeven had. Het spreekt van bekrachtiging, om voorwerpen en mensen te heiligen.

U moet daarmee de tent van ontmoeting zalven, de ark van de getuigenis, de tafel met alle bijbehorende voorwerpen, de kandelaar met de bijbehorende voorwerpen, het reukofferaltaar, het brandofferaltaar met alle bijbehorende voorwerpen, en het wasvat met zijn voetstuk. U moet ze

28

dan heiligen, zodat ze allerheiligst zijn; ieder die ze aanraakt, wordt heilig.
U moet ook Aäron en zijn zonen zalven, en hen heiligen om Mij als priester
te dienen.
Exodus 30:26-30

HOOFDSTUK 3

DE EXODUS ZALFOLIE

Door de laatste jaren heen heb ik vele mensen horen zeggen dat zij geloven dat het gebruik van Zalfolie niet is toegestaan, of in ieder geval beperkt is tot het Zalven van de zieken. Sommigen zeggen dit gebaseerd op wat God gezegd heeft over de Heilige Zalfolie. Anderen gebruiken de olie zo vrijmoedig, dat zij geloven dat iedere samenstelling of recept gebruikt mag worden voor ieder doel. Het is altijd goed en wijs om te weten wat het Woord van God er eigenlijk over zegt.

Wanneer het aankomt op Heilige Olie, dan vermeldt de Bijbel twee recepten. Het eerste recept is die van de Heilige Zalfolie, welke vloeibaar was, het andere recept was voor het Heilig Reukwerk, welke zeer waarschijnlijk ook met olie werd gemaakt, maar minder vloeibaar was en meer als een vaste substantie. Beide recepten moesten worden beschouwd als heilig en allerheiligst. Beide recepten komen een serieuze waarschuwing, dus het feit dat veel mensen uiterst voorzichtig zijn, ten opzichte van het gebruik van deze Zalfolie, is zeer gepast.

Het recept van de Heilige Zalfolie
Wat u betreft, neem voor uzelf de beste specerijen: vijfhonderd sikkel vloeibare mirre, en half zoveel ervan, dus tweehonderdvijftig sikkel geurige kaneel, tweehonderdvijftig sikkel geurige kalmoes, ook vijfhonderd sikkel kassia, gerekend volgens de sikkel van het heiligdom, en een hin olijfolie.
Exodus 30:23-24

Het recept van het Heilig Reukwerk
Verder zei de HEERE tegen Mozes: Neem voor uzelf geurige specerijen: druipende hars, onyx en galbanum, dus geurige specerijen, en zuivere wierook. Dit alles moet in gelijke hoeveelheden zijn.
Exodus 30:34

Dit zijn de recepten die nooit meer gebruikt mogen worden. Maar om te concluderen dat God hier spreekt over Zalfolie in het algemeen is een vergissing. Dat is niet wat Hij zei. Sommigen doen de aanname dat wanneer zij Zalfolie gebruiken, of een Zalfolie met één van de vermelde geuren, dat de vloek van God dan over hun leven komt. Ook dat is niet waar.

Ten opzichte van de Heilige Zalfolie zei God: *"Dit is heilige zalfolie voor Mij, al uw generaties door. Een mensenlichaam mag er niet mee gezalfd worden; ook mag u niet iets soortgelijks maken volgens de bereidingswijze van deze olie. Ze is heilig, heilig moet ze voor u zijn. Ieder die zo'n mengsel maakt als dit, of die daarvan iets op een onbevoegde strijkt, moet uitgeroeid worden uit zijn volksgenoten."* (Exodus 30:31-33)

Hier zegt God dat de reeds bestaande Heilige Zalfolie nooit op een menselijk lichaam gebruikt mag worden. Dat laat ruimte voor de Zalving van voorwerpen en/of kleding, maar niet voor mensen. Dat is er van uitgaande dat deze Zalfolie (die op dat moment gemaakt werd) nog steeds ergens bestaat, wat ik niet zou durven zeggen. Mocht dat zo zijn, dan is het zeer waarschijnlijk niet toegankelijk voor ons, dus dat lost dat probleem op. Verder zegt God dat deze Zalfolie nooit meer gemaakt mag worden, maar merk ook op dat God daar iets heel belangrijks aan toevoegt: "volgens deze bereidingswijze". Met andere woorden, u mag Zalfolie maken met ieder afzonderlijk ingrediënt van de Heilige Zalfolie, maar nooit volgens het exacte zelfde recept dat werd gebruikt voor de Heilige Zalfolie. Wie dat toch doet zal niet worden uitgeroeid, zoals de Nederlandse vertaling zegt, maar wel worden verstoten of verbannen uit zijn volksgenoten (of geloofsgemeenschap). En ja, dat is een vloek die effectief zal worden voor een ieder die dat doet. Het is dus zeer gerechtvaardigd om bijzonder voorzichtig te zijn op dit gebied.

Ten opzichte van het Heilig Reukwerk zei God: *"Het moet allerheiligst voor u zijn. En wat het reukwerk betreft dat u maakt, mag u niets voor uzelf maken volgens de bereidingswijze van dit reukwerk. Het moet u heilig zijn, voor de HEERE. Ieder die iets dergelijks maakt om eraan te ruiken, moet uitgeroeid worden uit zijn volksgenoten."*

Hier gaat het zelfs nog een stap verder. De persoon die dit recept maakt, al is het alleen maar om te ruiken, zal ook worden verstoten.

De Heilige Zalfolie wordt 'heilig' genoemd, maar het Heilige Reukwerk wordt 'allerheiligst' genoemd. Het maakt niet uit wat voor product u wilt maken, zodra u dit recept ervoor gebruikt, dan wordt de vloek onmiddellijk effectief. Dit spreekt over de geur alleen. Er zijn dus twee recepten die nooit meer gemaakt mogen worden, niet slechts één.

Sommigen geloven dat het gebruik van deze recepten gerechtvaardigd is en dat er niets met ze zal gebeuren, omdat Jezus tot een vloek geworden is en alle gevolgen daarvan aan het kruis gedragen heeft. Hoewel het waar is dat Jezus met iedere vloek heeft afgerekend, is dat alleen van toepassing op hen die in lijn zijn met het Woord van God. Iets doen dat tegen de wil van God ingaat wordt altijd beschouwd als zonde. Net zoals u geen overspel of moord kunt plegen, zonder de consequenties onder ogen te komen in het natuurlijke en in het geestelijke, is het ook onmogelijk op deze wet te overtreden, zonder daarvan de gevolgen te ondervinden. Vergeving is alleen voor hen die met hun mond en in hun hart toegeven en erkennen dat zij gezondigd hebben en vergeving nodig hebben, niet voor hen die de genade van God misbruiken als een excuus om vrijelijk te zondigen.

Soms wordt de angst om fouten te maken of om te zondigen zo groot dat we er liever voor kiezen om de 'veilige weg' te bewandelen, dan om te verkennen wat God ons te bieden heeft. We hebben de neiging om naar veiligheid te zoeken, door weg te blijven bij de dingen die we niet begrijpen. Ja, er is zoiets als de vreze des Heren, wat het begin van wijsheid is. Maar de angst om fouten te maken maakt geen deel uit van die vreze. Angst om fouten te maken is zelfs een hele slechte raadgever. De enige ware veiligheid kan gevonden worden in het Woord van God. Dat is de enige plaats waar u echt veilig kunt zijn.

Wanneer u geen Zalfolie gebruikt, uit angst om Gods wetten uit Exodus 30 te overtreden, dan is dat gelijk aan niet bidden omdat u misschien niet naar Zijn wil zou bidden. Het is als niet geloven, omdat u verkeerd zou kunnen geloven. In deze gevallen komen we vast te zitten in wetticisme. De macht achter wetticisme zal u altijd proberen te weerhouden om dingen voor de Heer te doen, vanuit de angst om het fout te doen. Dat maakt ons niet veilig of vrij, het maakt ons een geestelijke gevangene.

Ware veiligheid en vrijheid kan gevonden worden in onze Heer en Messias, Jezus Christus, want Hij is het Levende Woord. En Zijn belofte aan ons staat vandaag de dag nog steeds.

Als u in Mijn woord blijft, bent u werkelijk Mijn discipelen, en u zult de waarheid kennen, en de waarheid zal u vrijmaken.
Johannes 8:31-32

Wat is de sleutel? Blijf in Zijn Woord. Als u niet zeker weet of iets juist is, blijf in Zijn Woord. Wanneer u niet zeker weet wat u moet doen, blijf in Zijn Woord. Open het Woord van God, zoek naar de antwoorden. Dan kunt u het zeker weten. Onze eerste vraag zou altijd moeten zijn: "Wat heeft het Woord van God over mijn situatie te zeggen?". Het zou zeer zeker niet moeten zijn wat iemand anders erover te zeggen heeft. Natuurlijk kunt u luisteren naar de adviezen van mensen, maar accepteer nooit om het even welk advies als de waarheid, totdat u in staat bent geweest om dit vanuit het Woord van God bevestigd te krijgen. Dat is ook voor deze studie van toepassing.

Wanneer we het hebben over de Zalfolie, dan kunnen er hele duidelijke antwoorden gevonden worden in de Bijbel. In de Bijbelverzen die ik u net gegeven heb, kunt u zien dat de Heilige Zalfolie en het Heilig Reukwerk specifieke recepten zijn. Het Woord zegt niet "Gij zult geen Zalfolie gebruiken", het zegt "Gebruik deze recepten niet". Het boek Exodus legt tevens ook geen beperkingen op aangaande wie de Zalfolie mag gebruiken. Het legt beperkingen op aangaande wie de Heilige Zalfolie en het Heilig Reukwerk mag gebruiken, welke voor die tijd en voor de dienst in de Tabernakel waren gemaakt. Het legt ook beperkingen op aangaande het namaken van dezelfde recepten. Maar ieder ander recept voor Zalfolie en geuren is vrij om te gebruiken. Het antwoord op wie, waar en wanneer is toegestaan om Zalfolie te gebruiken, wordt later in deze studie behandeld. Dat antwoord kan u wellicht verbazen.

HOOFDSTUK 4

HET BEELD VAN ZALFOLIE

De Zalving en het gebruik van Zalfolie hebben een diepe geestelijke betekenis. En met geestelijk bedoel ik Geestelijk. Het is niet 'een' beeld, maar 'het' beeld van bekrachtiging met de Heilige Geest. Het is een symbool van de Heilige Geest in ons. Er wordt naar de Gezalfden verwezen als de zonen van olie, degenen met een schijnend gezicht, vurigen, helderen en als 'Gods groten'. De grote vraag die dan natuurlijk overblijft is wat dat precies zou moeten uitdrukken? Wanneer ik die termen en omschrijvingen over zalving lees, dan moet ik aan de volgende verzen denken.

De aanblik van de heerlijkheid van de HEERE op de top van de berg was in de ogen van de Israëlieten als een verterend vuur.
Exodus 24:17

En het gebeurde, toen Mozes van de berg Sinaï afdaalde – de twee tafelen van de getuigenis waren in Mozes' hand, toen hij van de berg afdaalde – dat Mozes niet wist dat de huid van zijn gezicht glansde, omdat de HEERE met hem gesproken had. Aäron en al de Israëlieten keken Mozes aan, en zie, de huid van zijn gezicht glansde. Daarom waren zij bevreesd om dichter bij hem te komen.
Exodus 34:29-30

En Hij werd voor hun ogen van gedaante veranderd; Zijn gezicht straalde als de zon en Zijn kleren werden wit als het licht.
Mattheüs 17:2

Wanneer de glorie en heiligheid van God geopenbaard worden, dan gebeurt dit. Ik heb gehoord en gezien dat dit soort gebeurtenissen vandaag de dag nog steeds plaatsvinden, net zoals het feit dat de wonderen van de Bijbel ook nog steeds plaatsvinden. Ja, alle wonderen, en meer. God is nooit veranderd. Jezus is nooit veranderd. Als wij in hetzelfde geloof als de discipelen gaan bewegen, als wij hetzelfde evangelie verkondigen als zij deden en als we de prijs betalen die zij betaalden, dan zullen de wonderen en tekenen die hen volgden ons ook volgen. Niet vanuit onze eigen kracht of door onze eigen pogingen, maar door de kracht van onze beste Vriend, Trooster en Metgezel, de Heilige Geest. Alle dingen zijn mogelijk, als we geloof hebben.

Wanneer de mensen Zalfolie gebruikten, dan scheen en glom hun gezicht van de olie. Dat is het beeld van God met ons, een beeld van het steeds aanwezig zijn in de aanwezigheid, glorie en heiligheid van God. Mozes moest een berg beklimmen om in de aanwezigheid van God te komen. Jezus is God, maar beklom toch een berg, en nam Zijn discipelen met Zich mee, om hen getuigen te laten zijn van de glorie en heiligheid. Toen de uitstorting van de Heilige Geest plaatsvond ging dit naar een heel nieuw niveau. Vanaf dat moment was het niet langer alleen God met ons, maar werd het ook God in ons, zoals God het bedoeld had. Het kan vergeleken worden met de olielampen, welke gevuld zijn met olie en branden en licht verspreiden. Zo kunnen ook wij vervuld worden met de Heilige Geest, voor Jezus branden en Zijn Licht schijnen voor de naties.

Het beeld van de Zalving en de Heilige Geest was reeds zichtbaar onder de profeten, koningen en priesters van Israël, in het Oude Testament. Het was een voorloper op wat er in de toekomst zou gaan gebeuren. Wanneer een profeet, koning of priester gezalfd was, dan volgde de bekrachtiging met de Heilige Geest. Dit kan o.a. gezien worden bij de zalving van Saul en David.

Toen nam Samuel een oliekruik, goot die leeg op zijn hoofd, kuste hem en zei: Is het niet zo, dat de HEERE u tot een vorst over Zijn eigendom gezalfd heeft? (Vers 1)
Dan zal de Geest van de HEERE over u vaardig worden en u zult samen met hen profeteren; u zult in een ander mens veranderd worden. (Vers 6)
1 Samuel 10:1, 6

Toen nam Samuel de oliehoorn en zalfde hem te midden van zijn broers. En de Geest van de HEERE werd vaardig over David vanaf die dag en voortaan. Daarna stond Samuel op en ging naar Rama.
1 Samuel 16:13

De bekrachtiging met de Heilige Geest was niet iets dat bij gewone mensen gebeurde in die dagen. Dat gebeurde alleen bij profeten, koningen en priesters. Dus het feit dat Jezus bekrachtigd was met de Heilige Geest was al iets zeer opmerkelijks voor de mensen in die tijd. Op een bepaald moment citeerde Jezus een passage uit het boek Jesaja, hoofdstuk 61, wat een zeer bekend stuk was voor de mensen van die tijd en plaats. Dat is het gedeelte waar er een duidelijke connectie te zien is tussen de Zalving en de Heilige Geest. Hij zei: "*De Geest van de Heere is op Mij.*" Direct daarna vertelt Hij ook waarom: "*omdat Hij Mij gezalfd heeft.*"

De Geest van de Heere is op Mij, omdat Hij Mij gezalfd heeft; Hij heeft Mij gezonden om aan armen het Evangelie te verkondigen, om te genezen die gebroken van hart zijn, om aan gevangenen vrijlating te prediken en aan blinden het gezichtsvermogen, om verslagenen weg te zenden in vrijheid, om het jaar van het welbehagen van de Heere te prediken.
Lukas 4:18-19

Hoe God Jezus van Nazareth gezalfd heeft met de Heilige Geest en met kracht en hoe Hij het land doorgegaan is, terwijl Hij goeddeed en allen die door de duivel overweldigd waren, genas, want God was met Hem.
Handelingen 10:38

Sommige vertalingen zeggen dat de Geest op Jezus was omdat Hij Gezalfd was, maar het opmerkelijke is dat het in dit geval precies andersom is. De brontekst zegt dat de Geest op Jezus was, waardoor Hij gezalfd was. Zoals u in het Oude Testament kunt zien, kwam de Heilige Geest nadat iemand Gezalfd was in opdracht van God (nooit op eigen initiatief). Maar Jezus, de Christus, de Gezalfde, had en heeft reeds de identiteit van 'Gezalfd zijn'. Hij is God, de Bron van de Zalving! Niet alleen laat dit de duidelijke connectie tussen de Zalving en de Heilige Geest zien, het laat ook zien wat het doel van de Zalving is. Dat is om het evangelie te verkondigen, om te genezen die gebroken van hart zijn, om aan gevangenen vrijlating te prediken, om aan blinden het zicht terug te geven (fysiek en geestelijk!), om verslagenen te bevrijden en om het jaar van het welbehagen van de Heere te prediken.

Alle aardse voorwerpen en alle mensen op deze aarde, zijn van nature onheilig. Toen de Tabernakel gemaakt werd, waren geen van de materialen heilig. De mensen die priester moesten worden waren ook nog niet heilig. Alles werd heilig door de Zalving. Wat Gezalfd was werd vanaf dat moment heilig. Hier is een voorbeeld van dat principe.

Dan moet u de zalfolie nemen en de tabernakel met alles wat zich erin bevindt, zalven. U moet hem heiligen met alle bijbehorende voorwerpen, dan zal hij heilig zijn. Vervolgens moet u het brandofferaltaar en alle bijbehorende voorwerpen zalven. U moet het altaar heiligen, dan zal het altaar allerheiligst zijn.
Exodus 40:9-10

Dus heiligheid kwam vanwege de Zalving. Op dezelfde manier is het de Heilige Geest die ons heilig maakt, vanwege de Zalving van Jezus. Het is door Zijn Woord, door Zijn Geest, dat wij naar heiligheid veranderd worden. Hoe meer tijd wij besteden in Zijn Woord, met volle aandacht voor wat de Heilige Geest ons daardoor wil leren, hoe meer wij worden veranderd naar heiligheid. Er was een seizoen in mijn leven waarin de Heilige Geest mij steeds weer opnieuw precies hetzelfde zei, iedere dag, meerdere malen per dag en maanden lang. Wat Hij mij zei was dit: "Alleen het Woord van God heeft de kracht om jou te veranderen." Het was vanwege dat Woord dat mijn liefde voor het Woord van God nog meer begon te groeien. Ik begon de waarde ervan te zien, te herkennen en te erkennen. Het was een boodschap die zo simpel was, maar toch waarschijnlijk één van de krachtigste boodschappen was die Hij mij ooit geleerd heeft.

Hoe verschillend was dit in het leven van Jezus. Hij had geen Zalving nodig om Hem heilig te maken. Hij was al heilig. Om die reden was de Zalving op Hem. Toen Hij het gedeelte uit Jesaja 61 uitsprak, "De Geest van de Heere is op Mij, omdat Hij Mij gezalfd heeft", was dat de openbaring van Zichzelf als zijnde de Messias. In die tijden was de titel "messias" niet exclusief gereserveerd voor de Redder. Zoals ik eerder al vermeldde, betekent "messias" heel eenvoudig "gezalfde". Het was een titel die gebruikt werd voor alle profeten, die ook messias werden genoemd in die dagen en door het hele Oude Testament heen. Dat was waarschijnlijk de reden waarom zoveel mensen Jezus wel aanspraken als een messias.

Toen Jezus gekomen was in het gebied van Caesarea Filippi, vroeg Hij aan Zijn discipelen: Wie zeggen de mensen dat Ik, de Zoon des mensen, ben? Zij zeiden: Sommigen: Johannes de Doper, en anderen: Elia, en weer anderen: Jeremia of een van de profeten.
Mattheüs 16:13-14

Zeer waarschijnlijk zeiden zei: "een messias" of "een christus". Zoals u zich wellicht herinnert is de term "messias" een Hebreeuws woord, dat vertaald kan worden naar "christus". Door Jezus aan te spreken met die titel zeggen we feitelijk alleen dat Hij een Gezalfde is, zoals ook alle profeten Gezalfd waren. Dus hoewel het aanspreken met Christus of Messias een erkenning is van de Zalving van God, is het niet meer dan dat. Er zijn andere religies, waaronder de grote religies als de islam, die Hem ook erkennen als Christus. Dat kan verwarrend klinken, maar het verschil ligt in de uitspraak die Petrus deed, toen Jezus hem vroeg wie Hij was (en is).

Simon Petrus antwoordde en zei: U bent de Christus, de Zoon van de levende God. En Jezus antwoordde en zei tegen hem: Zalig bent u, Simon Barjona, want vlees en bloed hebben u dat niet geopenbaard, maar Mijn Vader, Die in de hemelen is. En Ik zeg u ook dat u Petrus bent, en op deze petra zal Ik Mijn gemeente bouwen, en de poorten van de hel zullen haar niet overweldigen. En Ik zal u de sleutels van het Koninkrijk der hemelen geven; en wat u bindt op de aarde, zal in de hemelen gebonden zijn; en wat u ontbindt op de aarde, zal in de hemelen ontbonden zijn. Toen verbood Hij Zijn discipelen dat zij tegen iemand zouden zeggen dat Hij Jezus, de Christus, was.
Mattheüs 16:16-20

Hoewel diverse andere religies Jezus erkennen als Christus, is het alleen het Christendom dat Hem erkent als de Zoon van de levende God. Geen andere religie zal Hem als de Zoon van God erkennen. Dat is het grote verschil. Hoewel de profeten ook aangesproken werden met "messias" of "christus", waren zij allemaal gewone mensen, van nature onrein en onheilig, maar rein en heilig gemaakt door de Zalving. Er was er maar Eén Die kon zeggen dat Hij al rein en heilig was, waardoor God Hem Gezalfd heeft. Die persoon is Jezus. De Enige Die Zijn hele leven zonder zonde heeft geleefd. Dat maakte Hem niet een messias, het maakte Hem DE MESSIAS, de Zoon van de levende God. En de enige weg om tot die openbaring en erkenning te komen, is door een openbaring van de Vader, door de Heilige Geest. Door Jezus DE MESSIAS te noemen, noemen wij Hem "Gods Grootste", wat Hij ook is. Het is vanwege Zijn Zalving en vanwege Zijn offer, dat de aanwezigheid van God de tempel verliet en het voorhangsel liet scheuren, om zo de mens als Zijn woonplaats te kiezen, door Zijn Heilige Geest. Dat is het beeld van de geestelijke Zalving en wat het Zalven met Zalfolie symboliseert. Het is de Heilige Geest in ons, als het zegel van onze redding.

In Hem bent ook u, nadat u het Woord van de waarheid, namelijk het Evangelie van uw zaligheid, gehoord hebt; in Hem bent u ook, toen u tot geloof kwam, verzegeld met de Heilige Geest van de belofte, Die het onderpand is van onze erfenis, tot de verlossing die ons ten deel viel, tot lof van Zijn heerlijkheid.
Efeziërs 1:13-14

Zoals ik altijd zeg in mijn onderwijs, is het doel van God altijd om te redden, te genezen, te bevrijden en te herstellen. Dus wanneer de Heilige Geest in en door ons heen begint te werken, dan zullen de vruchten overeenstemmen met redding, genezing, bevrijding en herstel. Alles en iedereen wat tegen deze dingen werkt, werkt tegen God, tegen de Zalving, tegen het offer van Jezus Christus en voor de agenda van de vijand. Maar wanneer de Heilige Geest werkelijk de controle heeft, en wanneer de gemeente zich volledig onderwerpt aan God en Hem Zijn gang laat gaan, dan zult u dat aan de vruchten zien. Een gebrek aan vruchten betekend een gebrek aan de Geest. Een prachtig beeld van het herstel van Gods volk kan gezien worden in 2 Kronieken, waar de mensen van Juda werden vrijgelaten en in ere werden hersteld, door de Zalving.

De mannen die met hun namen aangewezen waren, stonden op, grepen de gevangenen, en allen van hen die naakt waren, kleedden zij van de buit.

Zij kleedden en schoeiden hen, lieten hen eten en drinken; zij zalfden hen en leidden allen die verzwakt waren, zachtjes op ezels, en brachten hen bij hun broeders in Jericho, de Palmstad. Daarna keerden zij terug naar Samaria.
2 Kronieken 28:15

Het beeld van de Zalving kan ook gezien worden in de gebeden voor genezing. Wanneer iemand ziek is, dan ziet het gezicht er niet echt gelukkig of stralend uit. De Zalving zorgt ervoor dat het gezicht weer gaat stralen in het natuurlijke, als een beeld van wat er gebeurt in de geestelijke wereld, mits het gebed voor genezing gedaan is vanuit en in geloof. Volgens de gebruiken van die tijd was Zalving ook een zichtbaar teken om het einde van een rouwperiode te laten zien. Het volgende vers spreekt over het doel van de Zalving van Jezus Christus.

...dat hun gegeven zal worden sieraad in plaats van as, vreugdeolie in plaats van rouw, een lofgewaad in plaats van een benauwde geest, opdat zij genoemd worden eiken van de gerechtigheid, een planting door de HEERE, om Hem te verheerlijken.
Jesaja 61:3

Een 'benauwde geest' is een mogelijke vertaling, maar een 'verduisterde geest' of 'getemperde geest' is meer accuraat. Dit gaat over neerslachtigheid en depressie. Het Bijbelvers spreekt over de belofte van God om de geest van neerslachtigheid en depressie weg te nemen en om de Heilige Geest en de Heilige Zalving daarvoor in de plaats te geven. Hoewel deze vertaling over eiken spreekt, kan ik dat in het Hebreeuws niet echt terugvinden. Ik kan ook niet terugvinden om welke boom het zou gaan, maar ik vermoed dat dit eerder een olijfboom is dan een eik, aangezien de olijfboom de Zalfolie in haar vruchten draagt. De vreugdeolie waar dit vers over spreekt is de olie van Jezus Christus Zelf, waar Hebreeën 1:9 ook naar refereert. De Geest van Jezus Christus als de olie van verheffing of de olie van opgetogenheid (letterlijke vertaling).

U hebt gerechtigheid lief en haat ongerechtigheid. Daarom heeft Uw God U gezalfd, o God, met vreugdeolie, boven Uw metgezellen.
Hebreeën 1:9

Het laatste beeld van Zalfolie dat ik zie is het volgende. Niemand kan olie aanraken zonder sporen op hun handen achter te laten. Op dezelfde manier kan niemand door Jezus worden aangeraakt, door de Heilige Geest, door de Zalving, en met lege handen weggaan.

HOOFDSTUK 5

DE ZALVING VAN HET KONINKLIJK PRIESTERSCHAP

Toen God de mens schiep maakte Hij geen foutje. Zelfs voordat Hij de mens schiep, wist Hij precies hoe alles zou gaan lopen. Zijn meesterplan voor de redding van de mensheid begon niet bij de geboorte van Jezus Christus. Het was al begonnen aan het begin, al direct nadat Adam en Eva waren gevallen voor zonde, alsof Hij het verwacht had. Het plan van redding werd onmiddellijk geactiveerd. Nadat Kaïn Abel op een verschrikkelijke wijze had vermoord, kreeg Adam een andere zoon: Seth. Een zoon naar zijn gelijkenis en naar zijn beeld (Genesis 5:3). Vanuit zijn nakomelingen zette het reddingsplan van God zich voort. Van Seth naar Enos, naar Kenan, naar Mahalaleël, naar Jered, naar Henoch (die wandelde met God en nooit stierf, omdat God hem opnam), naar Methusalach, naar Lamech, naar Noach.

Noach was een rechtvaardig, oprecht man onder zijn tijdgenoten. Noach wandelde met God (Genesis 6:9). Toen kwam de zondvloed over de aarde en doodde alle nakomelingen van Adam, op Noach en zijn zonen, en hun families, na. Daarna zette de familielijn zicht voort naar zijn oudste zoon Sem (die de naaktheid van zijn vader bedekte, Genesis 9:23), helemaal naar Terah, de vader van Abraham. Gods keuze voor Abraham was verre van willekeurig of opmerkelijk. Hij had voor Zichzelf een perfecte, waardige en heilige familielijn geselecteerd en voorbereid, om Zijn reddingsplan voor de wereld te vestigen en uit te voeren.

Gods originele plan voor Israël

Zoals we allemaal weten begon het verhaal van het volk Israël met de belofte die God aan Abraham gaf. Het was deze belofte die Gods intenties om de wereld de redden begon te laten zien. God riep Abraham voor een doel dat zo groot was, dat hij het zelf nauwelijks kon bevatten.

De HEERE nu zei tegen Abram: Gaat u uit uw land, uit uw familiekring

en uit het huis van uw vader, naar het land dat Ik u wijzen zal. Ik zal u
tot een groot volk maken, u zegenen en uw naam groot maken; en u zult
tot een zegen zijn. Ik zal zegenen wie u zegenen, en wie u vervloekt, zal
Ik vervloeken; en in u zullen alle geslachten van de aardbodem gezegend
worden.

Genesis 12:1-3

Het volk en de natie van Israël waren Gods originele plan voor de
redding van de wereld. Zoals we kunnen zien in de belofte die God aan
Abraham gaf, wilde Hij alle families van de wereld zegenen. Later, in het
boek Exodus, deed God een opmerkelijke uitspraak, ten opzichte van
het volk Israël.

U hebt zelf gezien wat Ik met de Egyptenaren gedaan heb en hoe Ik u op
arendsvleugels gedragen en u bij Mij gebracht heb. Nu dan, als u nauwgezet
Mijn stem gehoorzaamt en Mijn verbond in acht neemt, dan zult u uit alle
volken Mijn persoonlijk eigendom zijn, want heel de aarde is van Mij. U
dan, u zult voor Mij een koninkrijk van priesters en een heilig volk zijn. Dit
zijn de woorden die u tot de Israëlieten moet spreken.

Exodus 19:4-6

Het opmerkelijke is het feit dat God zei dat ze een "koninkrijk van
priesters" zouden zijn. Dit was een belofte die God aan het volk Israël gaf,
net voordat Hij hen de wet gaf. Wanneer u bent aangesteld als priester,
dan is dat altijd ten behoeve van iemand anders, om namens iemand
anders te handelen. Dus als God het gehele volk Israël een volk van
koningen en priesters wilde maken, dan is de grote vraag: Namens wie?
Die vraag kan worden beantwoord vanuit Gods belofte aan Abraham,
in Genesis 21:3. Hij wilde het volk Israël een koninkrijk van priesters
maken, voor en namens de rest van de wereld. Het was allemaal deel van
Zijn grote reddingsplan.

Want u bent een heilig volk voor de HEERE, uw God. De HEERE, uw God,
heeft ú uitgekozen uit alle volken op de aardbodem om voor Hem tot een
volk te zijn dat Zijn persoonlijk eigendom is. Niet omdat u groter was dan
al de andere volken heeft de HEERE liefde voor u opgevat en u uitgekozen,
want u was het kleinste van al de volken. Maar vanwege de liefde van de

HEERE voor u, en om de eed die Hij uw vaderen gezworen had, in acht te
nemen, heeft de HEERE u met sterke hand uitgeleid en heeft Hij u verlost
uit het slavenhuis, uit de hand van de farao, de koning van Egypte.
Deuteronomium 7:6-8

God behandelde Israël als een toonbeeld voor de rest van de wereld. Zij
waren en zijn een gekozen volk, een speciale natie en een schat voor
God. Maar ze zijn ook gewoon mensen, wat betekent dat zij hetzelfde
menselijke hart hebben als ieder ander. Het soort hart dat alle soorten
zonden voortbrengt, zoals Jezus zei in Mattheüs 15:19. Wat is dan het
verschil? Het verschil was dat God hen de weg naar genade had getoond,
de weg naar redding. Door hen een toonbeeld te maken voor de rest van
de wereld kon de wereld zien hoe God zegent wanneer zij gehoorzaam
waren, en wat de gevolgen waren wanneer zij Hem niet gehoorzaamden.
Zo gebruikte God het volk Israël om Zichzelf bekend te maken aan de
wereld.

De heidenen verwelkomd onder Gods volk
Vaak nemen wij ten onrechte aan dat de heidenen pas voor het eerst
in het Nieuwe Testament werden verwelkomd onder Gods volk. Dit is
niet waar. Zelfs in het Oude Testament was het iedereen toegestaan en
werd het iedereen mogelijk gemaakt om God te dienen, om redding te
ontvangen en om deel te worden van Gods volk.

Als er nu een vreemdeling bij u verblijft en als die voor de HEERE het
Pascha wil houden, laat dan al wie mannelijk is bij hem, besneden worden.
Dan mag hij naar voren komen om het Pascha te houden, en zal hij zijn
als een ingezetene van het land. Niemand echter die onbesneden is, mag
ervan eten. Eén wet is er voor de ingezetene en voor de vreemdeling die te
midden van u verblijft.
Exodus 12:48-49

Het verschil tussen nu en toen is het feit dat men in die tijd alleen door
de wet redding kon vinden. Als zij zonde hadden begaan, dan waren
dezelfde regels op hen van toepassing en moesten zij een offer brengen
om vergeving te kunnen ontvangen. Een voorbeeld van de acceptatie
van buitenlanders was Ruth. Zij was met een Israëliet getrouwd, maar

werd spoedig weduwe. Vasthoudend als ze was, koos ze ervoor om bij haar schoonmoeder te blijven en zei: "Uw volk is mijn volk en uw God mijn God." Later trouwde ze met Boaz en werd deel van de familielijn waaruit Jezus voort zou komen.

In het Nieuwe Testament werd het al snel duidelijk wat het offer van Jezus betekende voor de rest van de wereld. In Handelingen 11 spreekt Petrus over een visioen dat hij zag en over hoe de Heilige Geest hem geroepen had om naar een heidense man te gaan. Die man had een engel gezien, die hem opdroeg om Petrus te roepen. Toen Petrus tegen hem en zijn huis begon te getuigen, viel de Heilige Geest op hen, op dezelfde manier zoals bij de discipelen was gebeurd. Toen concludeerde Petrus:

Als God dan aan hen dezelfde gave gegeven heeft als aan ons die in de Heere Jezus Christus geloven, wie was ik dan dat ik bij machte zou zijn God tegen te houden? En toen zij dit hoorden, waren zij gerustgesteld, en zij verheerlijkten God en zeiden: Zo heeft God dus ook aan de heidenen de bekering gegeven die tot het leven leidt.
Handelingen 11:17-18

Bedenk daarom dat u die voorheen heidenen was in het vlees en die onbesnedenen genoemd werd door hen die genoemd worden besnijdenis in het vlees, die met de hand gebeurt, dat u in die tijd zonder Christus was, vervreemd van het burgerschap van Israël en vreemdelingen wat betreft de verbonden van de belofte. U had geen hoop en was zonder God in de wereld. Maar nu, in Christus Jezus, bent u, die voorheen veraf was, door het bloed van Christus dichtbij gekomen.
Efeziërs 2:11-13

Het Koninklijk Priesterschap
Hoewel het gehele volk Israël door God geroepen was om een koninkrijk van priesters te zijn, weten we dat dat niet gebeurd is. Slechts één stam, Levi, werd priester en vanwege de problemen onder de mensen zijn de andere elf stammen nooit priester geworden. Daarmee was de wereld volledig buiten het zicht geraakt, aangezien Israël te druk bezig was om af te rekenen met hun eigen problemen en zonden. Maar dat alles veranderde toen Jezus naar de aarde kwam en vanwege Zijn offer voor ons.

en kom naar Hem toe als naar een levende steen, die wel door de mensen verworpen is, maar bij God uitverkoren en kostbaar, dan wordt u ook zelf, als levende stenen, gebouwd tot een geestelijk huis, tot een heilig priesterschap, om geestelijke offers te brengen, die God welgevallig zijn door Jezus Christus. Daarom staat er in de Schrift: Zie, Ik leg in Sion een hoeksteen die uitverkoren en kostbaar is; en: Wie in Hem gelooft, zal niet beschaamd worden. Voor u dan, die gelooft, is Hij kostbaar; maar voor de ongehoorzamen geldt: De steen die de bouwers verworpen hebben, die is de hoeksteen geworden, en een steen des aanstoots en een struikelblok; voor hen namelijk die zich aan het Woord stoten, door ongehoorzaam te zijn, waartoe zij ook bestemd zijn. Maar u bent een uitverkoren geslacht, een koninklijk priesterschap, een heilig volk, een volk dat God Zich tot Zijn eigendom maakte; opdat u de deugden zou verkondigen van Hem Die u uit de duisternis geroepen heeft tot Zijn wonderbaar licht, u, die voorheen geen volk was, maar nu Gods volk bent; u, die zonder ontferming was, maar nu in ontferming aangenomen bent.
1 Petrus 2:4-9

De Bijbel spreekt over ons, de gelovigen en volgelingen van Jezus Christus, als een heilig priesterschap en een koninklijk priesterschap. Door Zijn offer mogen wij nu vrij Zijn aanwezigheid binnengaan. Omdat wij rechtvaardig en heilig gemaakt zijn, door Zijn offer, zijn wij nu allen aangesteld als priesters, met Jezus Christus, de Zoon van God, als onze Hogepriester in de Hemel. Om die reden is de wereld nu weer terug in zicht gekomen. Wanneer u een gelovige en volgeling van Jezus bent, dan bent u deel van dit koninklijk priesterschap.

Hoe verhoudt zich dit nu tot de Zalving en de Zalfolie? In de tijden van het Oude en het Nieuwe Testament gebruikten alle mensen Zalfolie, als een teken en een profetische daad van toewijding aan God. Daar zullen we in het volgende hoofdstuk verder op ingaan. Maar hoewel zij zichzelf zalfden, en hoewel de Zalving een teken is van de bekrachtiging met de Heilige Geest, had geen van hen de Heilige Geest. Dat was een speciale Zalving die alleen bestemd was voor profeten, koningen en priesters. Zij waren de enige mensen die de Heilig Geest ontvingen. Niet alleen is ons priesterschap bewezen door het feit dat het Woord van God dit zegt, maar ook door het feit dat wij nu bekrachtigd zijn met en door de Heilige Geest. Het was onmogelijk en ondenkbaar dat de Heilige Geest over gewone mensen zou komen. Dat gebeurd alleen bij speciale en gekozen mensen, waar wij nu een deel van zijn. Niet alleen voor ons eigen bestwil, maar ook voor de rest van de wereld. Wanneer de Bijbel u een priester noemt, wat het ook zegt wanneer u een volgeling van Jezus bent, dan betekent dat dat u een priester bent ten behoeve van de naties. U heeft dus een taak in deze wereld, net als een ieder van ons.

De Bijbel spreekt geenszins over een eeuwige verwerping van de mensen en het volk van Israël. Dat kan ik niet genoeg benadrukken. Al deze Bijbelverzen zijn al zovele malen misbruikt, door mensen die beweerden dat wij het 'nieuwe geestelijke Israël' zijn en dat de Joden hebben afgedaan. Het is zo gevaarlijk om dergelijke uitspraken te doen en het zal de Zalving bij u weg doen gaan, zoals ook aangetoond wordt door de hele geschiedenis van Israël heen. Onthoud goed dat het God was die hen gekozen heeft, zij hebben zichzelf niet gekozen. Wanneer u daar een probleem mee heeft, dan heeft u geen probleem met Israël, maar met God. Dan is uw betoog tegen Israël en de Joden een betoog tegen God. Ja, de Bijbel noemt ons levende stenen die een geestelijk bouwwerk vormen. Maar nooit in plaats van Israël of de Joden.

Ik zeg dan: Zijn zij soms gestruikeld met de bedoeling dat zij vallen zouden? Volstrekt niet! Door hun val echter is de zaligheid tot de heidenen gekomen om hen tot jaloersheid te verwekken. Als dan hun val voor de wereld rijkdom betekent en het feit dat zij achteropkomen rijkdom voor de heidenen, hoeveel te meer hun volheid!
Romeinen 11:11-12

In plaats daarvan gebeurde er iets veel mooiers. De heidenen, die op geen enkele manier in hun familielijn waren voorbereid op heiligheid, werd de mogelijkheid aangeboden om redding te kunnen ontvangen door Jezus Christus, en om aan Gods volk te worden toegevoegd. Als takken van wilde olijfbomen, gedragen door de stam, maar toch deel van de boom en de vettigheid van de olijfboom, wat de Zalving is.

En als de eerstelingen heilig zijn, dan het deeg ook, en als de wortel heilig is, dan de takken ook. Als nu enige van die takken afgerukt zijn, en u,

48

die een wilde olijfboom bent, in hun plaats bent geënt en mede deel hebt gekregen aan de wortel en de vettigheid van de olijfboom, beroem u dan niet tegenover de takken. En als u zich beroemt: U draagt de wortel niet, maar de wortel u.

Romeinen 11:16-18

Er kan geen priesterschap of Zalving in ons leven zijn, wanneer we Israël en de Joden verwerpen. Dus als dat is geweest wat u tot nu toe heeft gedaan, dan is dit de reden voor uw gebrek aan priesterschap en Zalving. In dat geval zult u zich moeten bekeren, wat verandering van denken en verandering van de manier van denken betekend, ten opzichte van deze zaak. U zult erachter komen dat de resultaten verbazend zullen zijn.

50

HOOFDSTUK 6

WIE MAG ZALFOLIE GEBRUIKEN?

Deze vraag heb ik vele malen gehoord. Wie mag Zalfolie gebruiken? Ik heb deze vraag altijd beantwoord met het antwoord dat het iedereen is toegestaan om het te gebruiken, en die mening heb ik nu nog steeds. Het is zelfs zo dat ik, door studie te doen naar dit onderwerp, nog veel meer bewijs hiervan heb gevonden. Het persoonlijk gebruik van Zalfolie was een normaal gebruik door het hele Oude Testament en door het hele Nieuwe Testament. Het was een normaal gebruik onder het volk Israël, en later ook onder de Christenen van de eerste kerk. Het persoonlijk gebruik van Zalfolie kan gevonden in de volgende Bijbelverzen.

Was je dan en zalf je en doe je beste kleren aan en ga naar de dorsvloer, maar zorg ervoor dat je niet door de man wordt opgemerkt, voordat hij klaar is met eten en drinken.
Ruth 3:3

wijn, die het hart van de sterveling verblijdt, olie, die zijn gezicht doet glanzen, en brood, dat het hart van de sterveling versterkt.
Psalm 104:15

Laat uw kleding te allen tijde wit zijn en laat op uw hoofd geen olie ontbreken.
Prediker 9:8

Maar u, als u vast, zalf dan uw hoofd en was uw gezicht
Mattheüs 6:17

Door het hele Oude Testament en het Nieuwe Testament heen gebruikten gewone mensen Zalfolie om zichzelf mee te zalven. In Mattheüs droeg Jezus Zijn discipelen zelfs op om dat te doen. Waarom zei Hij dat? Als een religieuze daad tijdens het vasten? Zeer zeker niet. Het Zalven was zo'n algemeen gebruik dat vrijwel alle mensen in die tijd rondliepen met een Gezalfd gezicht. Het probleem was dat de Farizeeën en de

Schriftgeleerden er erg van hielden om te laten zien dat zij aan het vasten waren, om zo de eer van mensen te krijgen. Dat deden zij door een droevig gezicht op te zetten en door zichzelf niet te Zalven. Wanneer u uzelf in die tijd niet Zalfde, dan viel u echt op en konden de mensen zien dat er iets met u aan de hand was. Tevens was het een algemeen gebruik om uzelf niet te Zalven tijdens het vasten, dus dat was niet iets vreemds. De Farizeeën en de Schriftgeleerden deden het om aan de mensen te laten zien dat zij aan het vasten waren. Om aan iedereen te laten zien hoe religieus zij zich gedroegen. Jezus rekende hiermee af door te zeggen dat wanneer wij vasten, we dat moeten doen voor onze Vader in de Hemel en niet om gezien te worden door mensen. En dus droeg Hij Zijn discipelen op om zich te gedragen zoals zij altijd deden, wanneer ze aan het vasten waren. Met andere woorden, ze moesten hun gezichten wassen, zoals ze altijd deden, en ze moesten hun hoofden Zalven, zoals ze altijd deden. Door dit te doen zagen zij eruit als ieder ander, zonder dat het iemand opviel dat zij aan het vasten waren. Jezus koppelde hier een belofte aan:

en uw Vader, Die in het verborgene ziet, zal het u in het openbaar vergelden.
Mattheüs 6:18

Het gebrek aan Zalving is een teken van rouw. Wanneer er iets verschrikkelijks was gebeurd, bijvoorbeeld wanneer er iemand overleden was, dan Zalfden de familie en vrienden zichzelf niet. Iedereen in hun omgeving kon zien dat zij in een seizoen van rouw waren, door het gebrek aan olie op hun hoofden. Dit kan bijvoorbeeld gezien worden in de volgende verzen.

Hij zei tegen haar: Doe toch alsof u rouw draagt, trek toch rouwkleding aan, zalf u niet met olie, en wees als een vrouw die al vele dagen rouw draagt over een dode.
2 Samuël 14:2

Smakelijk voedsel at ik niet, vlees of wijn kwam niet in mijn mond, en mijzelf zalven deed ik helemaal niet, totdat die drie volle weken voorbij waren.
Daniël 10:3

Dit kan ook gevonden worden in het verhaal van koning David. Nadat hij overspel had gepleegd met Bathseba, werd zij zwanger en baarde een zoon. Daarna kreeg David bezoek van de profeet Nathan, die hem confronteerde met zijn zonde, waarvoor David duidelijk verblind was. Nathan gebruikte een gelijkenis en God opende Davids ogen voor zijn zonde. Hij beleed onmiddellijk schuld met de woorden: "Ik heb gezondigd tegen de HEERE." Als gevolg van zijn houding ten opzichte van de zonde, waarmee ik bedoel dat hij schuld beleed, werd zijn leven gespaard door de Heer. Maar in die tijd had het offer van Jezus Christus nog niet plaatsgevonden, waardoor het oordeel was dat zijn kind zou sterven. Het kind dat hij bij Bathseba had gekregen. David was gebroken. Het kind werd ziek en David begon bij God te pleiten voor het kind. Hij vastte en lag de hele nacht op de grond. Dit ging zeven dagen zo door en hij weigerde al die tijd te eten. Aan het einde van die zeven dagen ging het Woord van God in vervulling en stierf het kind. Feitelijk rouwde hij al voor de dood van het kind. Maar toen het kind was gestorven zag hij dat er niets meer was wat hij kon doen en eindigde zijn tijd van rouw. Zoals u in het volgende vers kunt zien, deed hij dit door zichzelf te wassen en door zich weer te Zalven.

Toen stond David op van de grond, waste en zalfde zich en wisselde van kleding. Hij ging het huis van de HEERE binnen en boog zich neer. Daarna kwam hij in zijn huis en vroeg om eten; zij zetten hem voedsel voor en hij at.
2 Samuël 12:20

Door zichzelf weer te Zalven, toonde hij aan iedereen dat zijn tijd van rouw voorbij was. Het was het teken van herstel naar de normale conditie en situatie, emotioneel en fysiek. Het niet zalven van uzelf is niet alleen een teken van rouw, maar ook een teken van vervloekt zijn. Hoe? Het tegenovergestelde, uzelf Zalven, was en is een teken van zegen en gunst van God op uw leven. Het gebrek aan zegen en gunst is derhalve een teken van de vloek. Dit wordt ook vermeld in Deuteronomium, waar de gevolgen van een vloek staan vermeld.

Olijfbomen zult u hebben in heel uw grondgebied, maar u zult u niet met olie zalven, want uw olijven zullen afvallen.

Deuteronomium 28:40

Dus wanneer mensen zichzelf Zalfden, dan was dit een profetische handeling en een teken dat het goed met hun ging, terwijl het gebrek aan Zalving toonde dat zij rouwden of zich vervloekt voelden, wat sommigen ook waren, vanwege hun ongehoorzaamheid aan het Woord van God. Wanneer de rouw voorbij was, of wanneer bekering en herstel had plaatsgevonden, werd het gebruik van de Zalfolie weer hervat. Toen Jezus Zijn discipelen eropuit zond, gaf Hij hun specifieke instructies mee.

En toen zij weggegaan waren, predikten zij dat men zich moest bekeren. En zij dreven veel demonen uit en zalfden veel zieken met olie en maakten hen gezond.

Markus 6:12-13

Zij baden voor de zieken en Zalfden hen met olie. Houd in gedachten dat Zalfolie - in geestelijke zin - alleen werd gebruikt nadat was vastgesteld dat iemand genezen was, niet terwijl zij nog ziek waren. Dus wat de discipelen deden was een daad van geloof, een profetische handeling waarmee zij verklaarden dat hun gebed was verhoord en dat hun woorden, gesproken op gezag van Jezus, reeds in vervulling waren gegaan. Zij zalfden de zieken in geloof, gelovend dat het al gebeurd was, nog voordat de tekenen zichtbaar werden. En vanwege dat geloof werden de zieken genezen.

Hoewel het soms wel zo lijkt, was Jezus Christus op geen enkele wijze een rebel in de tijd dat Hij op aarde wandelde. Sommigen beschouwden Hem als een rebel, maar het enige waar Hij tegen opstond waren de religieuze en politieke geesten. De mensen die vanuit deze geesten handelden werden door Jezus aangesproken als hypocrieten. Maar afgezien daarvan stond Hij nooit op enige wijze op tegen het Woord van God. Hij gehoorzaamde het Woord van God altijd en tot in detail. Jezus Christus was en is het rolmodel voor iedere Christen, voor iedere discipel. Hij toonde de mensen hoe het Christelijk leven (wat "het Gezalfde leven"

54

betekend) zou moeten zijn, door het te leven, en daarna door Zijn volgelingen te vertellen en aan te moedigen hetzelfde te doen. Dus toen Hij Zijn discipelen opdroeg om zichzelf te Zalven tijdens het vasten, zoals zij altijd deden, kon dat alleen betekenen dat Hij precies hetzelfde deed. Anders zou Hij een hypocriet zijn geweest, wat Hij duidelijk niet is. Jezus en al Zijn discipelen, al Zijn volgelingen, gebruikten Zalfolie op dagelijkse basis, voor persoonlijk gebruik en om anderen mee te Zalven.

Het normale persoonlijke gebruik van Zalfolie zette zich voort onder de Christenen, door het hele Nieuwe Testament, in alle Joods Christelijke kerken en in alle heidense Christelijke kerken. In de eerste gemeentes brachten de mensen hun Zalfolie met zich mee naar de samenkomsten. Tijdens de dienst werd er dan een zegen over de Zalfolie uitgesproken, waarna de mensen het mee terug naar huis brachten, voor hun eigen persoonlijke dagelijkse gebruik. Dit normale persoonlijke gebruik zette zich voort tot aan de negende eeuw. Rond die tijd kwamen er steeds meer kerkelijke rituelen en kerkregels, waardoor het normale persoonlijke gebruik van Zalfolie steeds minder werd, totdat het persoonlijke gebruik uiteindelijk helemaal verdween, in de negende eeuw. In plaats daarvan mocht de Zalfolie alleen nog maar gebruikt worden door de kerkleiders. We hebben het dan over de vroege Katholieke kerk. De Katholieke kerk had vastgestelde Zalvingsrituelen, maar dan ook alleen voor de Zalving van zieke mensen. Wat een verlies. Dit alles vond plaats voor de Grote Schisma en ver voor de reformatie. Tegen de tijd dat die gebeurtenissen plaatsvonden wisten de meeste mensen al niet eens meer waar het gebruik van de Zalfolie nu eigenlijk voor stond, afgezien van het Zalven van de zieken.

Na de Grote Schisma, en een eeuw voor de reformatie, werd het zelfs erger. Vanaf dat moment besloten de kerkleiders dat de Zalving niet meer voor alle zieken bestemd was, maar alleen nog voor hen die op sterven lagen. Dus als u ziek was, dan moest u eerst wachten tot u op sterven lag, voordat een kerkleider ook maar bereid was om langs te komen om u te Zalven. De kerkregels en kerkrituelen gingen tenslotte voor de Bijbel in die tijd. In sommige kerken is dat nog steeds het geval.

Toen vond de reformatie plaats en allerlei soorten denominaties begonnen te groeien. Ik heb in de geschiedenis niet echt kunnen terugvinden hoe het gebruik van Zalfolie in de denominaties verder ging, maar gezien het feit dat de meeste denominaties de Zalfolie nog steeds alleen gebruiken voor het Zalven van de zieken, zegt dat een hoop. Er zijn zelfs veel kerken waar helemaal geen Zalfolie meer gebruikt wordt. Tegenwoordig komt dat voornamelijk door een gebrek aan kennis. In de jaren zestig van de twintigste eeuw kwam de Katholieke kerk terug op hun beslissing, aangaande het Zalven van zieken, en besloten dat vanaf dat moment alle zieken weer Gezalfd moesten worden, volgens de Schrift. Vanaf dat moment hoefden mensen niet langer te wachten tot ze op sterven lagen. In de meerderheid van de gemeentes en denominaties is het persoonlijk gebruik van Zalfolie echter nooit meer hersteld. Dat is echt een groot verlies voor de gemeente.

Zovelen mensen zijn verblind door de wirwar van kerkregels en kerkrituelen, welke voornamelijk door mensen gemaakt zijn en nooit door de Heer zijn opgedragen. De enige veilige plaats in deze wereld is in het Woord van God. Kerkregels en kerkrituelen zullen u nooit enige vorm van veiligheid bieden. Ga terug naar de basis, ga terug naar het Woord van God zelf. Laat het Woord van God bepalen wat waar is en wat niet.

Wanneer het aankomt op de Zalfolie en de Zalving, dan is het Woord duidelijk. Om het makkelijk voor u te maken heb ik aan het einde van dit boek een lijst vermeld waarin alle Bijbelverzen staan die spreken over Zalving, Zalfolie, Olijfbomen en Olijven. Op die manier hoeft u geen aannames te doen, hoeft u dit niet blindelings als waarheid te accepteren, kunt u het zelf zien en zelf toetsen. Voor mij is Jezus mijn rolmodel. Hij is de blauwdruk van wat het Christelijke leven zou moeten zijn. Als Hij, Zijn discipelen en alle eerste gemeentes Zalfolie voor persoonlijk gebruik op dagelijkse basis toepasten, dan doe ik dat ook. Jezus Christus is mijn Meester. Ik volg Zijn voorbeeld en ik moedig u aan om hetzelfde te doen.

HOOFDSTUK 7

DE VERSCHILLENDE SOORTEN NATUURLIJKE ZALVING

Gedurende mijn eerste Jaren in de kerk was het enige wat ik heb gezien, aangaande het gebruik van Zalfolie, hoe een kerkleider een druppel olie op zijn vinger deed en dit aanbracht op iemands voorhoofd, in de vorm van een kruis. Dat gebeurde alleen wanneer mensen ziek waren. De keren dat ik andere gemeentes bezocht was het niet anders. Eigenlijk heb ik in die tijd maar heel weinig verschillende gemeentes gezien, hoewel het bewustzijn over de Zalfolie wel steeds meer begint te groeien in de gemeentes. Zoals we in het vorige hoofdstuk hebben gezien is het iedereen toegestaan om Zalfolie voor persoonlijk gebruik te gebruiken. Maar hoe gebruiken we het? Eén ding is zeker, het met een vinger aanbrengen van een druppel Zalfolie op het voorhoofd, in het teken van een kruis, is niet iets wat ik bevestigd heb kunnen krijgen vanuit het Woord van God. De volgende beschrijvingen vertellen u over de verschillende soorten van Zalving en de profetische betekenis daarvan. We weten dat de Zalfolie zelf staat voor het beeld van de bekrachtiging met de Heilige Geest, maar dit spreekt over de wijze van Zalving, de profetische betekenis van de wijze waarop de olie wordt toegepast.

Zalving door Mashah

Deze manier van Zalven gebeurd door een beetje Zalfolie op uw hand te gieten en het dan zachtjes over uw hele gezicht aan te brengen, op dezelfde wijze als u uw gezicht wast. Deze eerste manier van Zalven is de meest gebruikte manier en tevens de manier die mensen gebruikten voor persoonlijk Zalving en de Zalving van zieken. Laten nog eens naar een aantal Bijbelverzen kijken.

wijn, die het hart van de sterveling verblijdt, olie, die zijn gezicht doet glanzen, en brood, dat het hart van de sterveling versterkt.
Psalm 104:15

Laat uw kleding te allen tijde wit zijn en laat op uw hoofd geen olie ontbreken.
Prediker 9:8

Maar u, als u vast, zalf dan uw hoofd en was uw gezicht
Mattheüs 6:17

Zoals u in de eerste hoofdstukken van dit boek kon lezen, was één van de betekenissen van de Zalfolie om het gezicht te laten schijnen of glanzen. De profetische betekenis hiervan was en is het schijnende Licht van God, Die ons gevuld heeft met Zijn olie (Heilige Geest) en Die ons in vuur en vlam zet. Het is een beeld van de glorie van God in en op ons. Voorbeelden van wat er gebeurd wanneer Gods glorie nabij is, kunnen gevonden worden in Exodus 24:17, Exodus 34:29-30 en Mattheüs 17:2.

De betekenis van het woord 'Mashah' is om 'te smeren', 'te wrijven', 'te strelen', 'de hand over het gezicht te halen', 'getrokken uit' en 'gekozen'. Alles bij elkaar laten deze betekenissen een totaalplaatje van de Zalving zien. Terwijl ik dit las bracht de Heilige Geest mij iets terug in het geheugen, namelijk de plaats in de Bijbel waar God Mozes met Zijn hand bedekte.

Ook zei de HEERE: Zie, hier is een plaats bij Mij, waar u op de rots moet gaan staan. En het zal gebeuren, als Mijn heerlijkheid voorbijtrekt, dat Ik u in een kloof van de rots neer zal zetten en u met Mijn hand zal bedekken totdat Ik voorbijgegaan ben. En zodra Ik Mijn hand wegneem, zult u Mij van achteren zien, maar Mijn aangezicht zal niet gezien worden.
Exodus 33:21-23

Waarom liet God Zijn aangezicht niet zien? Omdat de glorie teveel zou zijn voor Mozes om te kunnen dragen. Maar zelfs door naar de achterzijde van God te kijken, keerde Mozes van de berg terug met een stralend gezicht, in die mate dat de mensen er bang van werden. Waarom gebeurde dat? Wanneer de glorie van God dichtbij komt, dan benadrukt dit onmiddellijk onze vleselijke menselijke natuur. Ieder deel van ons dat nog in duisternis is, of dat nu bewust of onbewust is, zal direct worden blootgelegd door het heldere Licht van God. We weten dat God ons niet wil veroordelen, maar wanneer we ons realiseren wat onze tekortkomingen, ons falen en onze zondes zijn, dan kan het behoorlijk pijnlijk zijn wanneer we ons daar volledig bewust van worden. Voorbeelden hiervan kunnen gezien worden op de plaatsen waar opwekkingen zijn uitgebroken. Het eerste zichtbare teken was altijd dat mensen zich bewust werden van hun vleselijke natuur en het begonnen uit te roepen naar God om vergeving. Dit is ook in Nederland gebeurd, zo'n 250 jaar geleden. En het zal weer gebeuren.

In de vroegere tijden Zalfden de mensen altijd hun hele gezicht. Zij Zalfden ieder gedeelte van hun huis, dat blootgesteld was aan het licht, net zoals God iedere deel van Mozes bedekte, dat blootgesteld was aan Zijn glorie. Wanneer de hand van God, welke Zijn glorie bedekt, wordt opgeheven of gedeeltelijk wordt opgeheven, dan heeft dit een onmiddellijk effect en wordt Zijn glorie daardoor vrijgezet. Het beeld van 'de hand over het gezicht te halen', tijdens het Zalven, vertegenwoordigd de hand van God. Nadat het gezicht Gezalfd is wordt de hand van het gezicht weggehaald en is het gezicht weer blootgesteld aan het licht. Het profetische beeld hiervan is dat de hand van God wordt opgeheven, waardoor wij worden blootgesteld aan Zijn glorie en licht.

Zalving door besprenkeling

Deze manier van Zalving is door te besprenkelen. Dit was geen algemeen dagelijks gebruik, maar voor speciale gelegenheden. Wanneer het op besprenkeling aankomt, dan vermeld de Bijbel drie soorten besprenkeling:

- Met het offerbloed
- Met het reinigingswater
- Met de Zalfolie

Het offerbloed voor vergeving, het reinigingswater om te reinigen en te zuiveren en de Zalfolie voor het herstel of de vestiging van heiligheid en glorie, door de kracht van de Heilige Geest in ons. Dit is ook de reden waarom mensen in sommige kringen nog steeds de profetische handeling van het besprenkelen met wijn (als een beeld van het Bloed van Jezus) gebruiken, met water besprenkelen en met Zalfolie besprenkelen.

Dit is een beeld van terugkeren naar God, terugkeren naar heiligheid en terugkeren naar Zijn aanwezigheid, volgens de volgorde van het binnengaan in de Tabernakel. Het eerste voorwerp dat u tegenkwam was het offeraltaar, als tweede het koperen wasvat en daarna ging u het Heilige binnen, waar letterlijk ieder voorwerp Gezalfd was met de Heilige Zalfolie, waar de gouden kandelaar op geurige olie brandde, waar het reukofferaltaar met een mix van olie brandde en waar de Heilige Zalfolie aanwezig was.

De besprenkeling met bloed was de meest voorkomende vorm van besprenkeling in de Bijbel. Er word over gesproken als het bloed van het verbond (Exodus 24:8) en het werd gebruikt om het altaar mee te besprenkelen (Exodus 24:6), om de priesters en hun klederen mee te besprenkelen (Exodus 29:21), om het volk mee te besprenkelen als een bevestiging van het verbond (Exodus 24:8), om de grond voor de ingang naar het Heilige te besprenkelen (Leviticus 4:6), om mensen te besprenkelen als een eerste stap van reiniging en zuivering (Leviticus 14:6-7), om een huis dat gereinigd moest worden te besprenkelen (Leviticus 14:51), om de handen te besprenkelen (2 Kronieken 35:11) en om de genadetroon en de grond ervoor te besprenkelen (Leviticus 16:14-15). Het spreekt dus van de reiniging van de zonde van mensen, kleding, huizen en plaatsen, alvorens het bloed werd aangeboden bij de genadetroon.

Maar toen is Christus verschenen, de Hogepriester van de toekomstige heilsgoederen. Hij is door de meerdere en meer volmaakte tabernakel gegaan, die niet met handen is gemaakt, dat is: die niet van deze schepping is. Hij is niet door bloed van bokken en kalveren, maar door Zijn eigen bloed eens en voor altijd binnengegaan in het heiligdom en heeft daardoor een eeuwige verlossing teweeggebracht. Want als het bloed van stieren en bokken en de as van de jonge koe, op de verontreinigden gesprenkeld, hen heiligt tot reinheid van het vlees, hoeveel te meer zal het bloed van Christus, Die door de eeuwige Geest Zichzelf smetteloos aan God geofferd heeft, uw geweten reinigen van dode werken om de levende God te dienen! En daarom is Hij de Middelaar van het nieuwe verbond, opdat, nu de dood heeft plaatsgevonden tot verzoening van de overtredingen die er onder het eerste verbond waren, de geroepenen de belofte van de eeuwige

erfenis ontvangen.
Hebreeën 9:11-15

Zie, Mijn Knecht zal verstandig handelen, Hij zal verhoogd worden en verheven, ja, zeer hoog verheven worden. Zoals velen zich over U ontzet hebben – zo geschonden was Zijn gezicht, meer dan van iemand anders, en Zijn gestalte, meer dan van andere mensenkinderen – zó zal Hij vele heidenvolken besprenkelen, koningen zullen vanwege Hem sprakeloos staan. Want zij aan wie het niet verteld was, zullen het zien, en zij die het niet gehoord hebben, zullen het begrijpen.
Jesaja 52:13-15

Omdat wij nu, broeders, vrijmoedigheid hebben om in te gaan in het heiligdom door het bloed van Jezus, langs een nieuwe en levende weg, die Hij voor ons heeft ingewijd door het voorhangsel, dat is door Zijn vlees, en omdat wij een grote Priester hebben over het huis van God, laten wij tot Hem naderen met een waarachtig hart, in volle zekerheid van het geloof, nu ons hart gereinigd is van een slecht geweten en ons lichaam gewassen is met rein water.
Hebreeën 10:19-22

Het blijft verbazend dat, hoewel het offerbloed van de Tabernakel en de Tempel alleen aan de buitenkant kon reinigen, het bloed van Jezus in staat is om onze harten te besprenkelen, waarmee afgerekend wordt met de oorzaak van onze zonden. Alles en iedereen waarop Zijn bloed is aangebracht, wordt vrij van zonde. Hoe u er ook naar kijkt, dat is iets enorms!

En bijna alles wordt volgens de wet door bloed gereinigd, en zonder het vergieten van bloed vindt er geen vergeving plaats.
Hebreeën 9:22

Het volgende waar u langskwam was het koperen wasvat, met het reinigingswater. Dit was de plaats waar de priesters zich moesten wassen en zichzelf moesten reinigen, alvorens ze de aanwezigheid van de Heer binnengingen. Voordat iemand iets in de bediening mocht gaan doen, ongeacht wat, moesten zij eerste gereinigd worden van alle onreinheid. Een ieder die zonde had begaan werd als onrein beschouwd. Maar wanneer iemand iets aanraakte dat onrein was, bijvoorbeeld door een plaats te betreden waar zondige handelingen waren verricht of door voorwerpen aan te raken die waren gebruikt voor zonde, dan werden zij ook onrein omdat zij het hadden aangeraakt. De reinheid en heiligheid van de Heer zijn zo vergaand dat Hij de definitie van reinheid en heiligheid is. Zijn aanwezigheid binnengaan, zonder reiniging, zou onmiddellijk dood veroorzaken.

Wanneer zij de tent van ontmoeting binnengaan, moeten zij zich met water wassen, opdat zij niet sterven. Of wanneer zij tot het altaar naderen om dienst te doen door een vuuroffer voor de HEERE in rook te laten opgaan, moeten zij hun handen en voeten wassen, opdat zij niet sterven. Dit is een eeuwige verordening voor hen, voor Aäron en zijn nageslacht, al hun generaties door.
Exodus 30:20-21

Zelfs het kleinste stukje onreinheid is niet in staat om de glorie van de Heer onder ogen te komen, zonder desastreuze consequenties. Toen de priesters werden Gezalfd, werden zij ceremonieel gereinigd. Dit werd gedaan door hen te besprenkelen met het reinigingswater (Numeri 8:7). Maar ook het volk had reiniging nodig door de besprenkeling met het reinigingswater, wanneer zij onrein waren geworden (Numeri 19:13). Ieder persoon die zichzelf niet reinigde werd uitgebannen, was niet langer een deel van Israël en bleef voor de rest van zijn leven onrein.

Door de mond van de profeet Ezechiël deed God een opmerkelijke belofte, ten opzichte van het reinigingswater.

Ik zal rein water op u sprenkelen en u zult rein worden. Van al uw onreinheden en van al uw stinkgoden zal Ik u reinigen. Dan zal Ik u een nieuw hart geven en een nieuwe geest in uw binnenste geven. Ik zal het hart van steen uit uw lichaam wegnemen en u een hart van vlees geven. Ik zal Mijn Geest in uw binnenste geven. Ik zal maken dat u in Mijn verordeningen wandelt en dat u Mijn bepalingen in acht neemt en ze houdt.
Ezechiël 36:25-27

Eerst beloofd God om te reinigen, dan beloofd Hij een nieuw hart, dan om een nieuwe geest te geven, en tot slot om de Heilige Geest in ons binnenste te geven. Dus eerst wordt uw leven en uw lichaam gereinigd, maar ons hart en onze geest worden niet gereinigd, die worden compleet vervangen door een nieuw hart en een nieuwe geest. Zoals we vanuit het Oude Testament weten, was het het reinigingswater dat rein en zuiver maakte. In deze dagen is het reinigingswater dat ons rein maakt het Woord dat Jezus Christus gesproken heeft. Het is het Woord van Jezus Christus dat ons reinigt. Merk op dat Hebreeën 10:22 ons verteld dat onze harten zijn besprenkeld met het Bloed van Jezus, maar dat onze lichamen zijn gereinigd met het reinigingswater. Het is het Bloed van Jezus Christus dat afrekent met de oorzaak van onze zondes, het menselijk hart, terwijl het reinigingswater, wat het Woord is dat Jezus gesproken heeft, onze lichamen reinigt van zonde. Dat betekend dat alle negatieve gevolgen van zonde verbroken kunnen worden, vanwege Zijn vergeving, vanwege Zijn Bloed, waarmee onze harten besprenkeld zijn, vanwege het reinigingswater, het Woord van Jezus Christus, dat over ons leven besprenkeld is.

U bent al rein vanwege het woord dat Ik tot u gesproken heb. Blijf in Mij, en Ik in u. Zoals de rank geen vrucht kan dragen uit zichzelf, als zij niet in de wijnstok blijft, zo ook u niet, als u niet in Mij blijft. Ik ben de Wijnstok, u de ranken; wie in Mij blijft, en Ik in hem, die draagt veel vrucht, want zonder Mij kunt u niets doen.
Johannes 15:3-5

Dit is de reden waarom het zo belangrijk is om in Zijn Woord te blijven, om Zijn Woord te lezen, om erover na te denken, om onze gedachten in lijn te brengen met Zijn Woord en om Zijn Woord te spreken. Het is als een geestelijke douche, welke ons steeds weer opnieuw reinigt. Waar en wanneer wij dat nodig hebben. Hoe meer van Zijn Woord in ons is, hoe meer het ons zal veranderen. Niets anders heeft die kracht. Het is het Woord waarmee alles begon. Vanwege het Woord kwam de wereld tot stand. Uw bestaan begon met en vanwege het Woord. Maar de belofte is zelfs groter. Niet alleen zal het Woord ons reinigen, het zal in ons wonen en het zal ieder deel van ons wezen verzadigen. Nadat wij besprenkeld en gereinigd zijn met het Woord, wordt de belofte zelfs nog groter.

En op de laatste, de grote dag van het feest, stond Jezus daar en riep: Als iemand dorst heeft, laat hij tot Mij komen en drinken. Wie in Mij gelooft, zoals de Schrift zegt: Stromen van levend water zullen uit zijn binnenste vloeien. (En dit zei Hij over de Geest, Die zij die in Hem geloven, ontvangen zouden; want de Heilige Geest was er nog niet, omdat Jezus nog niet verheerlijkt was.)

Johannes 7:37-39

Hier zegt Jezus dat een ieder die in Hem gelooft de Heilige Geest zal ontvangen, zoals de Schrift het zegt. Dat betekend dat de Bron van het Woord in een ieder zal leven die in Jezus Christus geloofd. Dat is geweldig! Dat betekend dat het Woord ons niet alleen reinigt, maar het zal ons ook veranderen! Het is de Geest van de Gezalfde en de Zalving in ons.

Tot slot is er de Zalving door besprenkelen met Zalfolie. Zoals we weten is de Heilige Geest in ons, maar de Zalving door besprenkeling is een beeld van de Heilige Geest op ons. Dat is niet in plaats van, maar bovenop Zijn aanwezigheid in ons. Na de vergeving van zonde en de reiniging van alle onreinheid, is dit het beeld van herstel of vestiging van Zijn heiligheid en glorie op onze levens, door de kracht van de Heilige Geest. Dit kan beschouwd worden als een geestelijke mantel. Hij zal met ons zijn, ons omringend met Zijn glorie, en Hij zal in ons zijn.

Het besprenkelen met Zalfolie wordt gebruikt om mensen, voorwerpen en plaatsen mee te heiligen. Het doel van dit soort Zalving was niet om aan te stellen, maar om te heiligen. Dit soort Zalving kan gebruikt worden om mensen te Zalven, kleding, voorwerpen en plaatsen (zoals kerkgebouwen, een huis etc.). Een voorbeeld hiervan kunt u zien in Exodus.

Dan moet u wat van het bloed nemen dat op het altaar is, en van de zalfolie, en dat sprenkelen op Aäron, op zijn kleding, op zijn zonen en op de kleding van zijn zonen met hem. Dan zal hij geheiligd zijn, hij, zijn kleding, zijn zonen en de kleding van zijn zonen met hem.

Exodus 29:21

Daarbij wil ik direct opmerken dat deze profetische daad niet bedoelt was om de priesters mee aan te stellen. Het Woord zegt dat het bedoeld was om hen te heiligen. De feitelijke Zalving voor aanstelling had al plaatsgevonden, toen deze vorm van Zalving plaatsvond.

Zalving door gieten

De Zalving door gieten werd en word alleen gebruikt om mensen aan te stellen in de bediening. Door het hele Oude Testament heen werd dit soort Zalving gebruikt om profeten, koningen en priesters aan te stellen. Wanneer zij voor hun bediening werden aangesteld, dan kwam de Heilige Geest over hen om hen te bekrachtigen. De Bijbel vermeld meerdere van dit soort Zalvingen. Maar hoewel iemand Gezalfd kon zijn door de manier van gieten, werden zij pas de Gezalfde des Heren genoemd wanneer dit in opdracht van God was gebeurd. Laten we naar een aantal voorbeelden kijken van Zalving door gieten.

Dan moet u de zalfolie nemen en die op zijn hoofd gieten. Zo moet u hem zalven.
Exodus 29:7

Toen nam Samuel een oliekruik, goot die leeg op zijn hoofd, kuste hem en zei: Is het niet zo, dat de HEERE u tot een vorst over Zijn eigendom gezalfd heeft?
1 Samuël 10:1

Toen nam Samuel de oliehoorn en zalfde hem te midden van zijn broers. En de Geest van de HEERE werd vaardig over David vanaf die dag en voortaan. Daarna stond Samuel op en ging naar Rama.
1 Samuël 16:13

De priester Zadok nam de oliehoorn uit de tent en zalfde Salomo. Ze bliezen op de bazuin, en heel het volk zei: Leve koning Salomo!
1 Koningen 1:39

De HEERE zei tegen hem: Ga heen, keer terug op uw weg, naar de woestijn van Damascus. Wanneer u daar komt, moet u Hazaël zalven tot koning over Syrië. En u moet Jehu, de zoon van Nimsi, zalven tot koning over

Israël. En Elisa, de zoon van Safat, uit Abel-Mehola, moet u tot profeet zalven in uw plaats.
1 Koningen 19:15-16

Hoewel ik niet terug kon vinden hoe profeten precies Gezalfd werden, behalve dat het door gieten gebeurde, kon ik wel terugvinden dat koningen werden Gezalfd door te gieten in de vorm van een kroon. Dat is in een cirkel over het hoofd gieten. Priesters werden Gezalfd door te gieten in de vorm van een X. Dit gebeurde van de achterzijde van het hoofd, kruiselings richting de wenkbrauwen, van links naar rechts en van rechts naar links.

Zalving met de fles/kruik of met de Hoorn

Het verschil tussen Zalving met een kruik of met een hoorn werd alleen vermeld bij Zalving door middel van gieten. Met andere woorden, alleen bij de Zalving en aanstelling van leiders. De hoorn was een verwijzing naar de hoorns van het reukofferaltaar. De Tabernakel (en later de Tempel) had twee altaren met hoorns. Het eerste was het slachtofferaltaar of koperen altaar, welke op de binnenplaats stond. Het tweede was het reukofferaltaar, welke in het Heilige stond. De hoorns vertegenwoordigden de Goddelijke Waarheid van God, de genade van God en de kracht van God.

Ik heb U hartelijk lief, HEERE, mijn sterkte. De HEERE is mijn rots en mijn burcht en mijn Bevrijder, mijn God, mijn rots, tot Wie ik de toevlucht neem, mijn schild en de hoorn van mijn heil, mijn veilige vesting.
Psalm 18:2-3

In vroegere tijden was het zo dat wanneer iemand op het punt stond om veroordeeld te worden, dat hij dan de hoorns van het altaar kon vastgrijpen voor genade. Wanneer zijn intenties goed waren, dus wanneer hij zijn zonde niet opzettelijk had begaan, dan werd zijn leven gespaard (Exodus 21:14). De hoorn van de Zalving refereert naar de hoorns van het reukofferaltaar. Dit altaar mocht niet worden aangeraakt met het bloed van slachtoffers. Het bloed van de slachtoffers mocht alleen worden aangebracht op de hoorns van het reukofferaltaar, terwijl de rest van het altaar vrij moest blijven van bloed. Dit altaar vertegenwoordigde gebed en voorbede, of relatie met God. Zoals u wellicht inmiddels al heeft geraden, zijn de hoorns van het altaar een verwijzing naar onze Messias, Jezus Christus. Hij Die Zichzelf openbaarde als de Weg, de Waarheid en het Leven. Hij Die de Hoorn van redding werd.

Daar zal Ik voor David een hoorn doen opkomen en voor Mijn gezalfde een lamp gereedmaken. Ik zal zijn vijanden met schaamte kleden, maar op hem zal zijn diadeem schitteren.
Psalm 132:17-18

Geprezen zij de Heere, de God van Israël, want Hij heeft naar Zijn volk omgezien en er verlossing voor tot stand gebracht. En Hij heeft een hoorn van zaligheid voor ons opgericht in het huis van David, Zijn knecht.
Lukas 1:68-69

Alle koningen die geen deel waren van de familielijn van Jezus, werden Gezalfd met de fles of kruik. Alle koningen die wel deel waren van de familielijn van Jezus, werden Gezalfd door te gieten vanuit de hoorn. Hoewel het kan lijken alsof het verschil tussen Zalving vanuit de fles of vanuit de Hoorn ligt bij of dit gebeurde op initiatief van mensen of op initiatief van God, was dit niet het geval. Koning Jehu, die werd Gezalfd voor de taak om het huis van Achab (en Izebel) uit te roeien, was Gezalfd op initiatief van de Heer, hoewel hij was Gezalfd door gieten vanuit een fles or kruik (2 Koningen 9:1-13). De Zalving vanuit de Hoorn had alles te maken met de familielijn van Jezus Christus, de Zoon van de Levende God.

De Zalving vanuit de Hoorn is iets wat vandaag de dag niet meer gebruikt wordt, want Jezus Christus is de enige Hoorn van Redding, van waaruit onze geestelijke Zalving stroomt en over ons wordt gegoten. Wij zijn de zonen van olie, helder stralend vanwege de Zalving die Hij over ons uit heeft gegoten. De Zalving van Redding en het Koninklijk Priesterschap, met Jezus Christus als onze Hogepriester in de Hemel.

HOOFDSTUK 8

WIE, WAT EN WANNEER TE ZALVEN

Wanneer het aankomt op het Zalven van mensen en voorwerpen, dan ontstaat altijd de vraag wanneer we kunnen Zalven en wie het is toegestaan om te Zalven in welke omstandigheden. Om dat uit te kunnen leggen is het belangrijk om de door God gegeven gezagsstructuren te begrijpen. Veel gezag komt niet vanuit Gods initiatief voort, maar aangezien Hij onze keuzes respecteert, is Hij wel Degene die al het gezag aanstelt. Als gevolg daarvan draagt Hij ons op om onszelf aan het regerende gezag te onderwerpen.

Ieder mens moet zich onderwerpen aan de gezagsdragers die over hem gesteld zijn, want er is geen gezag dan van God, en de gezagsdragers die er zijn, zijn door God ingesteld.
Romeinen 13:1

Het is heel belangrijk om te begrijpen dat God nooit aan Zijn gezagsstructuur voorbij zal gaan. Wij moeten ons onderwerpen aan iedere vorm van gezag, zolang dit in lijn is met het Woord van God. Dat betekend dat we onze overheid moeten gehoorzamen, en alle wetten, en dat we onze geestelijke leiders moeten gehoorzamen.

Wanneer de wetten van onze overheid ons opdragen om dingen te doen die tegen het Woord van God ingaan, waardoor we zonde zouden begaan, dan moeten wij deze regels negeren en het hoogste gezag volgen, wat God is. Een voorbeeld hiervan zou zijn wanneer onze overheid ons zou opdragen om voor andere goden te buigen, om moord te plagen, te liegen etc. In sommige landen verbiedt de overheid het om Christus te volgen, om Zijn naam te noemen, om een Bijbel in bezit te hebben, om tot Jezus te bidden, om in Zijn naam samen te komen etc. Deze dingen gaan tegen het Woord van God in en wij moeten Hem boven al het andere gehoorzamen. De Heilige Geest zal ons helpen om dat te doen, want het is onmogelijk om dat vanuit onze eigen kracht of inspanning te doen. Maar afgezien van dat dienen wij alle wetten te volgen en gehoorzamen die de overheid ons geeft. Wij dienen een voorbeeld te zijn van Gods rechtvaardigheid in ons land, liefhebbers van gerechtigheid.

Waarom vertel ik dit? De Zalving voor persoonlijk gebruik is altijd toegestaan. U heeft daarvoor geen toestemming nodig. Maar wanneer het aankomt op de Zalving van anderen of om voorwerpen en plaatsen te Zalven, dan is Gods gezagsstructuur altijd van toepassing. God is Degene Die iedere positie aanstelt. Wanneer we Zijn zegen willen ontvangen, wanneer we meer willen doen dan slechts een religieuze handeling, en als we enig geestelijk effect willen hebben, dan moeten we Zijn gezagsstructuur volgen. We kunnen alleen zegen ontvangen van hen wiens gezag wij erkennen. David was bijvoorbeeld Gezalfd als koning, in opdracht van God Zelf, maar op dat punt was hij nog niet als zodanig erkend door het volk. De echte verandering voor Israël kwam pas op het moment dat zij hem ook erkenden. Eerst erkende het volk van Juda David als hun koning (2 Samuël 2:4). Dit gebeurde nadat hij reeds Gezalfd was door de profeet. Later Zalfde het hele volk Israël hem ook als koning (2 Samuël 5:3). Pas vanaf dat moment kon hij een zegen voor Israel zijn en pas vanaf dat moment konden zij de zegen door Gods Gezalfde heen ontvangen. Deze universele geestelijke principes zijn vandaag de dag nog steeds van toepassing. Maar hoe ziet Gods gezagsstructuur er precies uit?

Gods algemene gezagsstructuur
Vader God -> Koning Jezus Christus -> De Ecclesia -> De aardse overheid -> Het volk

Gods gezagsstructuur in de Ecclesia
Vader God -> Koning Jezus Christus -> Apostelen -> Profeten -> Leraren -> Evangelisten -> Pastors -> Mannen -> Vrouwen -> Kinderen

Laat me dit ophelderen, alvorens er een misverstand ontstaat. In het natuurlijke moeten wij de overheid gehoorzamen, aangezien God al het gezag over ons heeft aangesteld. Maar in de geest heeft de Ecclesia (het regerende lichaam van Christus, de kerk) het hoogste gezag in de natie. Onze strijd is niet tegen overheden, niet tegen aards gezag, maar tegen geestelijke gezag.

Want wij hebben de strijd niet tegen vlees en bloed, maar tegen de
overheden, tegen de machten, tegen de wereldbeheersers van de duisternis
van dit tijdperk, tegen de geestelijke machten van het kwaad in de hemelse
gewesten.
Efeziërs 6:12

Waar is onze strijd? In de hemelse gewesten. Dus wij eren en respecteren
het over ons aangestelde gezag, maar wij strijden tegen de geestelijke
overheden en tegen de heersers van de duisternis van dit eon, de
geestelijke machten van het kwaad in de hemelse gewesten.

Jezus Christus gaf ons het voorbeeld van Goddelijk leiderschap.
Hij regeerde door te dienen. Hij domineerde nooit, gebruikte nooit
manipulatie of intimidatie, maar Hij diende. Hij waste de voeten van Zijn
discipelen. Hij wist hoe Hij het gedrag van de mens moest onderscheiden
van de geestelijke machten erachter. Dus in het natuurlijk diende
Hij, terwijl Hij in de geestelijke wereld regeerde en iedere weerstand
verpletterde. In het natuurlijke leek Hij een zwak Persoon. Op het eerste
gezicht komt het tenslotte niet bepaald krachtig over om gemarteld te
worden en om aan een kruis te worden gehangen, hulpeloos en alleen.
Toch was dit de meest krachtige daad. Als ultieme daad van dienen, legde
Hij Zijn leven voor ons neer. Jezus Christus onderwierp zich gewillig en
bewust aan het gezag van Zijn Vader, zoals Hij ook van ons verwacht dat
wij ons aan het gezag onderwerpen dat Hij over ons heeft aangesteld.

De Zalving van leiders

Wanneer we iemand willen Zalven om hem of haar aan te stellen voor
een bepaalde positie, dan moeten we altijd het volgende in gedachten
houden. Een soldaat kan niemand tot sergeant bevorderen, net zoals
een sergeant niemand tot generaal kan bevorderen. Een soldaat kan
niemand bevorderen omdat hij de laagste rang heeft en eerst nog moet
leren en groeien. Hij moet eerst klaar worden voor de strijd, alvorens hij
een bevordering verdiend. Een sergeant kan iemand in een lagere rang
bevorderen, maar alleen tot aan de rang die hijzelf heeft. Een persoon
kan dus alleen bevorderd worden door iemand in een hogere rang. Zoals
een vriend van mij altijd zegt: "U kunt geen politie-uniform kopen en
vanaf dat moment politieagent zijn. U moet daarvoor aangesteld worden

door de hoofdcommissaris."

Als Christenen worden we geacht om door de Heilige Geest geleidt te worden. We worden geacht om onszelf gewillig en bewust te onderwerpen aan Zijn gezag en Zijn wil. Dat betekent dat Hij de beslissingen voor ons maakt en dat wij luisteren en ons onderwerpen. Al het gezag is door God aangesteld, maar als wij iemand willen die ook door God is gekozen, die aangesteld kan worden op Gods initiatief en daarmee Gods Gezalfde kan worden, dan moeten we naar de Heilige Geest luiteren. Zelfs als dat betekent dat we dan de minst aannemelijke persoon als leider over ons moeten Zalven. Onthoud goed dat God iets heeft met de minst aannemelijke personen. David was de minst aannemelijk persoon toen de profeet Samuël kwam. Toch koos God hem als koning over Zijn volk. En kijk eens naar de ontzagwekkende geschiedenis. Zelfs naar Jezus Christus wordt verwezen als de zoon van David! Stelt u zich eens voor wat God kan doen in uw gemeente en in uw leven, door de minst aannemelijk personen.

In het geval van de Zalving en aanstelling van een leider, vragen we de Heilige Geest voor de juiste persoon. We maken onze gedachten leeg van onze eigen gedachten en ideeën, en we beginnen te luisteren naar wat Hij te zeggen heeft. Dan vergelijken we dat met de anderen, die hetzelfde hebben gedaan. Zoals ieder lichaam twee oren heeft, zo heeft het lichaam van Christus ook meer dan één oor. Dus als anderen hetzelfde horen, dan mogen we het als 'getoetst' beschouwen. Dan kunnen we de persoon die de Heilige Geest heeft aangewezen Zalven. Als er iemand in een hogere positie aanwezig is, dan kan deze de persoon Zalven en aanstellen in hun door God gegeven positie. Indien niet, maar als de Heilige Geest duidelijk heeft gesproken, dan kan de persoon Gezalfd worden op gezag van de Heilige Geest Zelf. Soms zendt God één van Zijn Gezalfde leiders met de specifieke taak om iemand te Zalven en aan te stellen. Hoe dan ook, Zijn wil geschiedde.

Wat gebeurd er wanneer we iemand Zalven en aanstellen op basis van eigen inzicht en gevoel, zonder de Heilige Geest daarin te raadplegen? Dan krijgen we een 'Absalom' gezag. Een gezag dat op menselijk initiatief is aangesteld, niet op Gods initiatief. Absalom was Gezalfd als koning over Israël, door het volk van Israël (2 Samuël 19:10). Dus zijn gezag en autoriteit over Israël waren echt. Toch werd hij door God nooit 'de Gezalfde des Heren' genoemd. Iedere handeling, gebaseerd op eigen kennis, wijsheid en begrip, zonder God te raadplegen, wordt beschouwd als een daad van rebellie tegen God. Onthoud goed dat satan Adam en Eva verleidde door hen op kennis te laten vertrouwen. Dat is hoe de mensheid ten val is gekomen.

Zalving voor persoonlijk gebruik

Ik heb het al eerder gezegd, maar ik kan het niet genoeg benadrukken. De Zalving voor persoonlijk gebruik is altijd toegestaan. U heeft geen toestemming van een leider nodig om dit te gebruiken. Jezus Zelf gaf ons de opdracht het te gebruiken. Alle mensen in het Oude Testament gebruikten het. Alle mensen in het Nieuwe Testament gebruikten het. Zelfs de eerste gemeentes, tot aan de negende eeuw, gebruikten het. Als u het hoofdstuk "Wie mag Zalfolie gebruiken?" nog niet heeft gelezen, dan adviseer ik u om dit te doen. Het bevat alle antwoorden ten opzichte van het persoonlijk gebruik van Zalfolie.

Zalving van de zieken

De Zalving van de zieken is de meest bekende Zalving die mensen vandaag de dag kennen. Deze Zalving komt niet in plaats van het persoonlijke gebruik van Zalfolie, maar daar bovenop. De wijze waarop dit gedaan wordt is echter hetzelfde als bij de persoonlijke Zalving, namelijk door Mashah (om te smeren, om de hand over het gezicht te halen). Het Woord van God geeft specifieke instructies aangaande de Zalving van de zieken. In dat geval moeten wij de ouderlingen van de Ecclesia (de kerk) roepen en hen te laten bidden voor de zieke en de zieke door hen laten Zalven. Met andere woorden, we hebben het hier over mensen die geacht worden volwassen in het geloof te zijn. Volwassen in kennis, volwassen in begrip, volwassen in inzicht, volwassen in wijsheid en volwassen in het bewegen en handelen in geloof.

Is iemand onder u ziek? Laat hij dan de ouderlingen van de gemeente bij zich roepen en laten die voor hem bidden en hem met olie zalven in de Naam van de Heere. En het gelovig gebed zal de zieke behouden en de Heere zal hem weer oprichten. En als hij zonden gedaan heeft, zal hem dat

73

vergeven worden.
Jakobus 5:14-15

Tijdens het proces van het bidden voor de zieken zijn er zovele fouten gemaakt. Maar de grootste fout van allen is dat het geloof van de zieke van enige waarde zou zijn, om genezing te kunnen ontvangen. Ik kan niet genoeg benadrukken dat dit niet waar is en dat dit niet is wat het Woord van God zegt. Het is het gebed van geloof dat de zieke gezond zal maken. Dat betekent dus dat het geloof van de personen die bidden, in dit geval de ouderlingen van de Ecclesia, van belang is. Als zij gebrek hebben aan geloof, dan zal er niets gebeuren. Dat kan en mag de zieke nooit kwalijk genomen worden. De ouderlingen worden geacht om volwassen te zijn in hun bewegen en handelen in geloof. Wanneer u een ouderling bent en wanneer u weet dat uw geloof tekort schiet, dan is er maar één manier om dit te krijgen. Zoek alles wat het Woord van God over genezing te zeggen heeft en stap uit in geloof. Ga het gewoon doen (Markus 6:13). Wanneer niets gebeurd, blijf dan uitstappen in geloof en weiger iets anders te geloven dan het Woord van God. Uw geloof zal getest worden, maar wanneer u volhardt in uw geloof, dan zult u het uiteindelijk of onmiddellijk zien gebeuren. Wat het geloof van de zieke betreft, wanneer deze is genezen, dan is er wel geloof nodig om genezen te blijven. Sta op de beloften van God. Wanneer u eenmaal heeft gezien wat de kracht van Jezus heeft gedaan, door uw lichaam te genezen of door genezing van emotionele wonden, hou dan vast aan dat geloof, door vast te houden aan het Woord van God. Ontmasker iedere leugen door iedere leugen in uw gedachten te confronteren met de Waarheid van het Woord van God.

Tot slot, maar zeker niet in de laatste plaats, moeten we het ook nog hebben over de manier waarop mensen voor de zieken bidden. Er zijn veel mensen, inclusief leiders, die God of Jezus vragen om Zijn handen op de zieke te leggen en die God vragen of Hij de zieke wil genezen. En geen van die gebeden worden ooit beantwoord. Laat me u vertellen waarom, door beide vragen te beantwoorden.

Wil Jezus Zijn handen op de zieke leggen? Nee. Hij zal niet vanuit de Hemel omlaag komen om Zijn handen op de zieke te leggen. Wat was de opdracht die Hij ons gegeven heeft? Dat Hij zou komen om het voor ons te doen?

Op zieken zullen zij de handen leggen en zij zullen gezond worden.
Markus 16:18

Ik zie nergens "Ik zal Mijn handen op de zieken leggen" in het Woord van God. Over wie sprak Jezus toen Hij het over "zij" had? Hij sprak over "hen die geloofd hebben". Dat bent u. Dat zijn al onze broeders en zusters in Christus. U bent gekocht met het bloed van Jezus Christus, de Zoon van de Levende God. Uw lichaam, ziel en geest behoren Hem toe. Dus wanneer u uw handen op de zieken legt, dan zijn dat de handen van Jezus. Verder heeft Hij u alle autoriteit gegeven!

Zie, Ik geef u de macht om op slangen en schorpioenen te trappen en de macht over alle kracht van de vijand; en niets zal u schade toebrengen.
Lukas 10:19

Dus u bent gekocht door het bloed van Jezus Christus, waardoor Jezus Christus nu de eigenaar is van uw lichaam en van uw handen, de handen die u op de zieken zou moeten leggen. U bent bekleedt met de autoriteit van Jezus Christus Zelf. Om wat te doen? Om erbij te blijven staan en om Hem te vragen om het te doen? Waarom heeft Hij u dan die opdracht en autoriteit gegeven? Precies! Hij heeft dat gegeven zodat u er iets mee kunt doen. Om Zijn vertegenwoordiger op aarde te zijn. Om dezelfde werken te doen die Hij deed. Dat is inclusief het genezen van zieken. Wil God de zieke genezen? Natuurlijk wil Hij dat!

Maar Hij is om onze overtredingen verwond, om onze ongerechtigheden verbrijzeld. De straf die ons de vrede aanbrengt, was op Hem, en door Zijn striemen is er voor ons genezing gekomen.
Jesaja 53:5

Dit vers zegt niet dat wij genezing zullen ontvangen, het zegt dat wij dat reeds ontvangen hebben. Het heeft reeds plaatsgevonden in de geestelijke wereld. Dat zegt ons alles over Zijn wil en verlangen om Zijn kinderen te genezen. Het enige wat wij moeten doen is die genezing, die

Hij voor ons gekocht heeft, toepassen. Hoe genas Jezus de zieken? Hij gebood de ziekte om weg te gaan en proclameerde: "Wees genezen!". Dat is hoe Hij het deed, dat is hoe wij het moeten doen. In Zijn naam en door Zijn autoriteit.

Zalving voor een specifieke taak

Soms kan God iemand een specifieke (eenmalige) taak geven. De Zalving kan ook in deze situatie worden toegepast. Dat betekend dat God u het gezag en de kracht geeft die nodig heeft voor die specifieke situatie en taak. Wederom, de Zalving is de bekrachtiging met de Heilige Geest. Als Hij ons opdraagt om iets te doen, dan gaan we ook in Zijn autoriteit en met Zijn kracht. Als wij naar onze eigen wil handelen, dan gaan we in onze eigen autoriteit en op onze eigen kracht. Dat is niet heel erg verstandig om te doen. God wil dat wij op Hem wachten, en wanneer Hij "Ga!" zegt, dan stappen wij pas uit. Een voorbeeld hiervan is Jehu, die gezalfd was om het huis van Achab (de man van Izebel) uit te roeien.

Jehu, de zoon van Nimsi, die de HEERE gezalfd had om het huis van Achab uit te roeien.
2 Kronieken 22:7b

Wij moeten, zoals altijd, afhankelijk zijn van de Heilige Geest. Wanneer het aankomt op de Zalving van iemand voor een specifieke taak, dan kan ik alleen maar aanraden om de leiding van de Heilige Geest te volgen. Iedere situatie is anders en Hij weet het beste wat te doen.

Zalving voor bevrijding

Er is een geestelijke wereld om ons heen die zeer reëel en zeer aanwezig is. Net zoals God en Zijn engelen zich bewegen in de geestelijke wereld, zo doen satan en de boze geesten dit ook. Deze boze geesten kunnen ons niet binden, tenzij er zonde in ons leven is. Wanneer wij zonde begaan, dan opent dat de deur voor boze geesten om ons een slaaf van die zonde te maken. De bevrijdingsbediening komt feitelijk neer op het afrekenen met de zonde en het uitsturen van demonen. Wij zijn geroepen om de werken van Jezus Christus te doen, en dit was één van Zijn werken op aarde. Hij was het die zei dat de gelovigen ook demonen uit zullen werpen (Markus 16:17). Een Christen kan niet bezeten zijn door demonen, omdat 'bezit' eigendom suggereert. Als Christen heeft Jezus Christus het eigendom over ons. Maar we kunnen wel gedemoniseerd of gebonden zijn, wat betekend dat demonen ons gevangen kunnen houden in zonde. Vanuit het Woord van God weten we dat deze demonen onze lichamen gebruiken om deze zonden te begaan. Maar Jezus Christus heeft ook hierin in een oplossing voorzien, door ons de autoriteit over iedere macht van de vijand te geven (Lukas 10:19).

Zoals we in de voorgaande hoofdstukken hebben gezien, staat de Zalving voor reiniging, heiliging en herstel. Dat betekent dat iedere legale grond die de vijand in ons leven kan hebben wordt uitgewist. De zonden zijn beleden en vergeven, heiligheid is hersteld. Vanaf dat moment heeft geen enkele kwade macht nog het recht om in ons leven te zijn en kan uitgedreven worden. Tijdens het gebed voor bevrijding heeft de Zalving met Zalfolie altijd een enorm en onmiddellijk effect. De hele geestelijke wereld is zich zeer bewust van de betekenis van de profetische daad van geloof om iemand te Zalven. Het Licht van God word dan vrijgezet en de vijand wordt ontmaskerd. Ik zeg u echter nogmaals, het wanneer en hoe te Zalven is iets wat u in opdracht van de Heilige Geest moet doen. Hij zal u leiden en Hij zal u zeggen wat te doen of welke geur te gebruiken. In de natuurlijke wereld hebben slangen bijvoorbeeld een enorme hekel aam de geur Frankincense & Myrrh. In de geestelijke wereld is dat niet anders.

Zalving van voorwerpen en kleding

Wanneer u een voorwerp of kledingstuk aan de Heer wil toevertrouwen of toe wilt wijden, dan kunt u dit doen door besprenkeling met Zalfolie, in de naam van Jezus Christus. De besprenkeling met Zalfolie wordt gebruikt om mensen, voorwerpen en plaatsen te heiligen. Het doel van deze vorm van Zalving was niet om aan te stellen, maar om te heiligen. De voorwerpen en kledingstukken die Gezalfd waren, werden vanaf dat moment als heilig beschouwd. Houd in gedachten dat ieder voorwerp in de Tabernakel, ieder voorwerp in de Tempel en ieder voorwerp in het Koninkrijk van de Hemel, Gezalfd is zoals God Gezalfd is. Dit is een profetische daad van geloof, zoals iedere andere vorm van Zalving.

Zalving van plaatsen

Dezelfde principes als bij de Zalving van voorwerpen zijn ook hier van toepassing. Ik zal u een voorbeeld geven. Wanneer we een nieuw huis, appartement of een nieuw kerkgebouw betrekken, dan weten we niet wat voor zonde daar heeft plaatsgevonden. Demonische machten gebruiken niet alleen mensen, maar ook voorwerpen en plaatsen die gebruikt zijn voor zonde. Dat maakt het voorwerp of de plaats onheilig. Toen we het contract voor ons huis ondertekende, werd ons huis onze verantwoordelijkheid. Wij moeten er in leven en wij hebben er de autoriteit over. Dus zijn we neergeknield in ons huis en zijn we in de bres gaan staan, namens de mensen die er voor ons gewoond hebben, en hebben we God vergeving gevraagd voor iedere zonde die op deze plaats heeft plaatsgevonden. Toen hebben we ons huis Gezalfd en geheiligd in de naam van Jezus Christus, door iedere ruimte met Zalfolie te besprenkelen en door de deurposten te Zalven. Als de priester van dit huis en dit gezin heb ik Jezus Christus het hoogste gezag over deze plaats gegeven. In mijn huis is het Jezus Christus Die regeert, en dat wilde ik aan de gehele geestelijke wereld laten zien, door deze plaats te Zalven en aan Hem op te dragen. Hetzelfde werd gedaan in de Tabernakel, in de Tempel en in iedere andere plaats die geheiligd moest worden.

Zalving van eregasten

De Zalving van eregasten is een gebruik dat niet vaak meer gezien wordt. Maar het heeft een veelzeggende betekenis in de geestelijke wereld. Ten eerste, het Zalven van een eerbaar persoon is om die persoon te respecteren. Ik weet dat dat waarschijnlijk niet veel meer zegt, aangezien het woord 'respect' in onze huidige samenleving is verworden tot iets wazigs. Voor veel mensen heeft het woord 'respect' vandaag de dag een zeer politiek beladen betekenis. Het wordt vaak gebruikt voor politieke correctheid, maar de originele betekenis is iets totaal anders. Iemand respecteren betekend dat u iemand erkent in aanzien, achting en waardering, vanwege zijn kwaliteiten, prestaties en vaardigheden. Het is een vorm van eer. Om die reden is het ook zeer gevaarlijk om respect te hebben of te tonen voor andere religies, voor andere goden, aangezien het een vorm van afgoderij is.

Naast respect betekend de Zalving van een eregast ook hem als zodanig erkennen. Toen Jezus op aarde wandelde waren er veel mensen die Hem erkenden als een opmerkelijk persoon, sommigen zelfs als een profeet, maar nooit als de Messias en Zoon van God. Dat gebrek aan respect en erkenning, ten opzichte van Jezus, kan gezien worden in Lukas 7. Eén van de Farizeeën had Hem uitgenodigd om bij hem te komen eten, maar had Jezus niet behandeld als een eregast, wat in die tijd een belediging was. Het was een teken dat hij zichzelf meer eerbaar achtte dan Jezus. Maar toen kwam er een zondige vrouw het huis binnen en Zalfde Jezus, waarmee ze Hem het respect, de eer en de erkenning gaf die Hij verdient.

En Hij keerde Zich om naar de vrouw en zei tegen Simon: Ziet u deze vrouw? Ik ben in uw huis gekomen: water voor Mijn voeten hebt u niet gegeven, maar zij heeft Mijn voeten met tranen nat gemaakt en met het haar van haar hoofd afgedroogd; u hebt Mij geen kus gegeven, maar vanaf het moment dat zij binnengekomen is, heeft zij niet opgehouden Mijn voeten te kussen; met olie hebt u Mijn hoofd niet gezalfd, maar zij heeft Mijn voeten met zalf gezalfd. Daarom zeg Ik u: Haar zonden, die veel waren, zijn haar vergeven, want zij heeft veel liefgehad; maar aan wie weinig vergeven wordt, die heeft weinig lief. En Hij zei tegen haar: Uw zonden zijn u vergeven.
Lukas 7:44-48

De Zalving van een eregast was en is om iemand te respecteren en als zodanig te erkennen. God kan en zal ons alleen zegenen wanneer wij de mensen die Hij gestuurd heeft om ons te zegenen ook accepteren, respecteren en erkennen. Niet vanwege wie zij zijn, maar vanwege Degene Die hen aangesteld en Gezalfd heeft. Wij aanbidding dus geen mensen, maar wij tonen God onze waardering en respect door de persoon die Hij stuurt, om ons te zegenen, te accepteren. Wanneer wij een door God gezonden persoon verwerpen, dan verwerpen wij daarmee ook Zijn zegen. Het was in dat licht dat Jezus het volgende zei.

Want Ik zeg u: U zult Mij van nu af aan niet zien, totdat u zegt: Gezegend is Hij Die komt in de Naam van de Heere!
Mattheüs 23:39

Jezus zal Zichzelf alleen tonen op het moment dat Hij de erkenning krijgt als de Messias en de Zoon van de Levende God. Op precies dezelfde wijze zal Zijn Zalving alleen gaan stromen wanneer wij de mensen die door Hem gezonden zijn, en die komen in Zijn naam, ook accepteren. Deze acceptatie, respect en erkenning werd en word getoond door die persoon te Zalven in de naam van onze Messias, Jezus Christus.

HOOFDSTUK 9

DE WEG NAAR GEESTELIJKE ZALVING

Zalfolie is geen wondermiddel of medicijn. Het is niet iets magisch. Het is slechts pure olijfolie met een geur. Het wordt pas waardevol op het moment dat het in geloof gebruikt word, als een profetische daad. Het is niet de olie die ervoor zorgt dat Gods kracht word vrijgezet, het is ons geloof in Hem dat dat doet. Een profetische daad is feitelijk een handeling die u doet in de natuurlijke wereld, om uw geloof zichtbaar te maken. Het is ook een daad van gehoorzaamheid. De Zalving met Zalfolie is een beeld van de bekrachtiging met de Heilige Geest en met de Geestelijke Zalving. Het is een beeld van de glorie van God die met ons is, een beeld van God met ons.

Wij leven in een wereld die gezien, gehoord, geroken, geproefd en aangeraakt kan worden. Onze zintuigen stellen ons in staat om bewust te zijn van de wereld om ons heen. Zoals we allemaal weten kunnen wij alleen handelen gebaseerd op waar we ons bewust van zijn. Om die reden zijn wij ons bewust van de wereld om ons heen en weten we dat deze echt is. Maar de Bijbel vertelt ons dat deze wereld niet de enige is die echt is. Er is nog een andere wereld onder ons. Een geestelijke wereld, die niet gezien, gehoord, geroken, geproefd of aangeraakt kan worden. Maar het is zeer echt en het bevind zich om ons heen. Deze geestelijke wereld loopt parallel aan onze natuurlijke wereld. De apostel Paulus benadrukte het bestaan van deze wereld in zijn brief aan de Efeziërs.

Want wij hebben de strijd niet tegen vlees en bloed, maar tegen de overheden, tegen de machten, tegen de wereldbeheersers van de duisternis van dit tijdperk, tegen de geestelijke machten van het kwaad in de hemelse gewesten.
Efeziërs 6:12

Wij strijden dus tegen personen die we niet kunnen waarnemen met onze zintuigen. Maar ze zijn echt. Zeer echt. Het laat ons zien dat er iets om ons heen is, een andere wereld. Dit is de geestelijke wereld, waar God, al zijn engelen en onze vijand in bewegen. Sommigen ontvangen de gave om dit waar te nemen met één of meer van hun zintuigen, als deel van hun Zalving en bediening. Maar zelfs wanneer u het niet kunt waarnemen, dan is het nog steeds echt. In deze wereld is er ook een Zalving. Sommigen denken dat de acties die wij in de natuurlijke wereld nemen iets vestigen in de geestelijke wereld. Maar feitelijk is het net andersom. Onze natuurlijke wereld, en alles wat wij kunnen waarnemen met onze zintuigen, is een gevolg van wat reeds eerder gevestigd is in de geestelijke wereld, en wat daarna een realiteit is geworden in onze natuurlijke wereld. Soms worden de resultaten in de geestelijke wereld direct een realiteit in onze natuurlijke wereld, terwijl het op andere momenten enige tijd kan duren voordat de resultaten opgemerkt kunnen worden, terwijl het wel degelijk al is gevestigd in de geestelijke wereld.

Wanneer wij Zalven in de natuurlijke wereld, dan doen we dat niet om iets te vestigen in de geestelijke wereld. We doen dit om ons geloof te laten zien in wat reeds gevestigd is in de geestelijke wereld. En vanwege dat geloof zullen de resultaten onmiddellijk of uiteindelijk opmerkbaar worden in onze natuurlijke wereld. Een voorbeeld hiervan is de genezing van zieken. Genezing werd en is gevestigd in de geestelijke wereld, door onze Heer Jezus Christus. Het Woord van God zegt duidelijk dat wij genezen zijn door Zijn striemen (Jesaja 53:5). Het spreekt niet van "zal genezen worden" maar van "is genezen". Het is al gebeurd. Het geloof van degene die voor de zieke bid en de Zalving van de zieke, zijn een profetische daad van geloof in die geestelijke realiteit. Toen Jezus het uitriep "Het is volbracht!", was dat inclusief ziekte. En zoveel meer.

Op andere momenten zullen bepaalde dingen wel nog gevestigd moeten worden in de geestelijke wereld. Maar dat gebeurt niet door ze te vestigen in de natuurlijke wereld. Er zijn bolwerken van de vijand, overheden, machten, wereldbeheersers van de duisternis van dit eon en machten van het kwaad onder de hemelse wezens in de hemelse gewesten. Er is een strijd gaande en de oorzaak is in de geestelijke wereld. Alles wat we in de natuurlijke wereld zien is een resultaat van wat reeds is gebeurd in de geestelijke wereld. Als we ook maar enige verandering in een situatie willen krijgen, dan moeten we daar beginnen. De wapens die wij hebben gekregen zijn het geproclameerde Woord van God en gebed. Wanneer worden deze wapens effectief? Wanneer ze gebruikt worden vanuit een hart zonder twijfel.

Want, voorwaar, Ik zeg u: wie tegen deze berg zal zeggen: Word opgeheven en in de zee geworpen, en niet zal twijfelen in zijn hart, maar zal geloven dat wat hij zegt, gebeuren zal, het zal hem gebeuren wat hij zegt. Daarom zeg Ik u: alles wat u biddend begeert, geloof dat u het ontvangen zult, en het zal u ten deel vallen.
Markus 11:23-24

Wanneer we om iets vragen, dan hebben we een hart zonder twijfel nodig. Maar hoe raken we twijfel kwijt? Die vraag kan net zo makkelijk worden beantwoord als "Hoe raken we duisternis kwijt?". We raken de duisternis niet kwijt door het weg te sturen, maar door eenvoudig het licht aan te doen. Op dezelfde manier raken we twijfel niet kwijt door het weg te sturen, maar door geloof te bouwen. Romeinen 10:17 zegt dat geloven komt uit het gehoor en het gehoor door het Woord van God. Dus wanneer we het Woord van God spreken, dan bouwen we geloof. Het is een samenwerking tussen u en God. Wanneer u Zijn Woord begint te spreken, dan voegt Hij daar geloof aan toe. Wanneer we dus iets van God vragen, wanneer we iets vestigen in de geestelijke wereld, dan moeten we geloven dat Zijn Woord waar is en dat we hebben ontvangen waar we om hebben gevraagd. Vanaf dat moment passen we ons handelen aan aan dat geloof. Zelfs wanneer de resultaten niet onmiddellijk waarneembaar zijn. We moeten Jezus vertrouwen, dat Hij trouw is aan Zijn Woord en dat het gevestigd is in de geestelijke wereld.

Zoals er een Zalving is in de natuurlijke wereld, zo is er ook een geestelijke Zalving. Hoewel de Zalving voorheen exclusief gebruikt werd voor profeten, koningen en priesters, zijn wij nu allemaal geroepen voor een Koninklijk priesterschap. Op het moment dat wij Jezus Christus als onze Messias en Redder hebben geaccepteerd, werd Hij onze Hogepriester in de hemel en werden wij Zijn bruid. Niet alleen werden wij gered, we werden en zijn ook geroepen. Niet ten behoeve van onszelf, maar voor een wereld in nood. U heeft een Zalving ontvangen.

En Hij Die ons met u bevestigt in Christus en ons gezalfd heeft, is God,
Die ons ook verzegeld heeft en het onderpand van de Geest in onze harten
gegeven heeft.
2 Korinthe 1:21-22

Maar u hebt de zalving van de Heilige en u weet alles.
1 Johannes 2:20

hoe God Jezus van Nazareth gezalfd heeft met de Heilige Geest en met
kracht en hoe Hij het land doorgegaan is, terwijl Hij goeddeed en allen die
door de duivel overweldigd waren, genas, want God was met Hem.
Handelingen 10:38

Door deze Bijbelverzen kunnen we een duidelijke connectie zien tussen
de Zalving en de Heilige Geest. U bent Gezalfd in de geestelijke wereld
en het waarneembare resultaat daarvan is dat de Heilige Geest nu in u
woont. U bent Gezalfd in God, u bent verzegeld met de Heilige Geest,
als een garantie daarvan. Vanwege deze Zalving in God, en de gave van
de Heilige Geest in u, heeft u nu toegang tot Zijn kennis, wijsheid en
inzicht. Dat is het tegenovergestelde van Hosea 4:6, waar God zegt dat
Zijn volk ten onder gaat door gebrek aan kennis. Om deze reden deed de
profeet Jesaja de volgende uitspraak namens God.

en dat juk zal te gronde gericht worden omwille van de Gezalfde.
Jesaja 10:27

Deze vertaling is niet helemaal accuraat. Het spreekt niet over de
Gezalfde, maar over de Zalving of de Zalfolie, datgene wat voortkomt
uit de Gezalfde. Feitelijk hebben wij twee opties. We kunnen ervoor
kiezen om niet door de Heilige Geest geleid te worden en om onszelf te
proberen rechtvaardigen door de wet, wat zal leiden naar vernietiging.
Of we kunnen ervoor kiezen om geleid te worden door de Heilige Geest,
om vrij te zijn van de consequenties van de wet, om de Heilige Geest Zijn
wetten in ons hart te laten schrijven en om in tegenovergestelde richting
van vernietiging te gaan. Dat is het moment wanneer het juk vernietigd
wordt. De Hebreeuwse brontekst kan ook vertaald worden als "het juk
zal worden vernietigd vanwege het vet". Wanneer de Bijbel verwijst naar

"het vet", dan is dat vaak een verwijzing naar de Zalfolie. In dit geval betekend het beide. Het juk wordt altijd om iemand nek geplaatst, zoals in hetzelfde vers gezien kan worden. De Zalving zorgt ervoor dat wij gevuld worden met de volheid van God. Dat betekend niet dat er heel veel kracht nodig is om het juk te verbreken. Het betekend dat onze nek zo (geestelijk) vet en dik word, dat het juk niet langer in staat is om ons te beperken en breekt omdat de omvang van onze nek groter is geworden dan de omvang van het juk. Hoe gebeurd dit? Hoe meer we gevuld worden met Zijn kennis, wijsheid en inzicht, hoe 'vetter' we groeien in de geest. En in dit geval is dat iets goeds. Het is een gezonde vetheid, want het is de volheid van God in ons, door Zijn Geest, Die alle dingen aan ons openbaart.

Zoals ik eerder al aangaf loopt de geestelijke wereld parallel aan onze natuurlijke zichtbare wereld. Ja, we zijn Gezalfd, maar in de geestelijke wereld is er meer dan één soort Zalving, net zoals in onze natuurlijke wereld. Wij zijn Gezalfd met de Zalving voor redding, herstel en toegang tot Gods kennis, wijsheid en inzicht. Maar dat maakt ons nog niet klaar voor dienstbetoon. Het betekent niet dat we klaar zijn voor een bediening. In zekere zin zou u kunnen zeggen dat de Heilige Geest en de Zalving ons wegleiden van vleselijkheid, weg van vertrouwen in eigen wijsheid, kennis en inzicht. Wanneer mensen kijken naar hen die wandelen, spreken en handelen in de Geest, dan krijgen velen het gevoel dat zij daar nooit kunnen geraken. Zij meten hun leven aan de hand van deze mensen en komen tot de conclusie dat zij nooit in staat zullen zijn om hetzelfde te bereiken. Maar ze vergeten iets heel belangrijks. Geen van deze mensen, die wandelen, spreken en handelen in de Geest, hebben ook maar het minste beetje bereikt op basis van hun eigen kracht, wijsheid, kennis of inzicht. Zelfs niet één. Geen van hen waren in staat om hun eigen mogelijkheden te gebruiken om dat niveau te bereiken. Zelfs niet één. Ieder persoon heeft zichzelf moeten vernederen en moest tot de plaats van volledige afhankelijkheid komen, de plaats waar zij ieder laatste beetje van hun leven aan God over moesten geven. Met andere woorden, het gaat dus volledig om het verliezen van alle controle, om alles aan God over te geven. Het spreekt voor zich dat geen van die mensen dat ineens konden doen. Het is voor iedereen een proces. Het is een groeiproces. Maar in dat proces van groeien in geloof en afhankelijk worden van God, is het Zijn kracht die u veranderd. Het is Zijn kracht die u in alles veranderd wat u voorheen nooit voor mogelijk had gehouden.

Dan heeft u nu het deel van de studie bereikt waar de meeste mensen op neerkijken. Iedereen wil de zegeningen. Iedereen wil de Zalving. Iedereen wil in het bovennatuurlijke bewegen. Maar slechts weinigen zijn bereid om de prijs te betalen die daaraan vastzit. De weg hier naartoe is een hele smalle weg. Het is een weg die heel wat tol zal eisen. Er is een prijs die betaald moet worden, hoewel het niet gekocht kan worden met geld of materiële bezittingen (2 Koningen 5:26-27). De prijs die wij moeten betalen is dat ons leven niet langer over onszelf gaat, over onze verlangens, over onze wil en niet over onze emoties. Ik zeg niet dat wij deze dingen niet meer hebben als Christen, maar ik zeg wel dat het niet langer de hoogste prioriteit zou moeten innemen. Ons 'vlees' moet sterven (Romeinen 8:12-17). Dat betekend een wijziging van focus. Het gaat niet langer meer over "Wat verlang ik?", maar over "Wat verlangt het Woord van God?". Het gaat niet langer over "Wat wil ik?", maar over "Wat wil het Woord van God?". Het gaat niet langer over "Hoe voel ik me hierbij?", maar over "Hoe voelt God Zich hierbij?". We moeten leren om onze verlangens, wil en emoties in lijn te brengen met het Woord van God. Dat is waar onze veiligheid ligt.

Maar zoek eerst het Koninkrijk van God en Zijn gerechtigheid, en al deze dingen zullen u erbij gegeven worden.
Mattheüs 6:33

God is niet onverschillig ten opzichte van onze verlangens, wil en emoties. Maar ze zijn een slechte raadgever voor onze levens. De meest slechte beslissingen, met de ergste consequenties, worden vanuit onze eigen verlangens, wil en emoties genomen. Het heeft niets met God te maken en alles met ons eigen 'vlees'. Wanneer al deze dingen, ons vlees, onze menselijke natuur, geen controle meer hebben, dan begint de verandering. Dat is wanneer de geestelijke Zalving begint te groeien. Op dat moment begint u te groeien naar een bruikbaar instrument in de hand van God. Hoe meer we aan onszelf sterven, hoe meer ruimte het God zal geven in onze levens. Dat is geen makkelijke weg of een makkelijk proces. Op veel momenten zal het pijnlijk zijn. Uw dromen, uw emoties, uw wil en uw verlangens kunnen op bepaalde momenten verpletterd lijken. Misschien zelfs wel een lange tijd achter elkaar. In deze tijden zijn we zo gewend aan onmiddellijk resultaat, dat we vergeten dat de meeste mensen in de Bijbel vele jaren moesten wachten voordat ze ook maar een beetje van Gods beloftes konden waarnemen. Hun dromen, emoties, wil en verlangens waren voor een lange tijd volledig verpletterd. Maar de uitkomst van de belofte die volgde was zoveel groter dan hun lijden.

Wij leren door beproevingen, door tegenslagen en door pijn. Dat is hoe wij geestelijk gevormd worden. Dat is hoe we groeien naar geestelijke volwassenheid en naar de toename van Gods Zalving in onze levens. Het beeld van de olie is daar een voorbeeld van. Alle mogelijkheden, alle talenten en zelfs de Zalving zijn door God in uw leven geplaatst. Maar de enige manier om dat eruit te krijgen en om de meest pure vorm eruit te winnen, word op precies dezelfde wijze gedaan als het winnen van de olijfolie. Zoals de olijven verpletterd moeten worden om er de olie uit te winnen, zo moet ook ons vlees verpletterd worden. Net zoals de vers gewonnen olie naar hoge temperaturen verhit moet worden, om het te reinigen van al het vuil en de olie zuiver te maken, zo zullen ook wij door het vuur moeten gaan. Ter verduidelijking, dat is niet hetzelfde soort vuur als het vuur van de hel. Het vuur van God kan het beste omschreven worden als het zuiverende en reinigende vuur van Zijn passie en liefde. Hoewel het op het moment zelf pijnlijk kan zijn, zal het u omvormen in alles wat God u wil laten zijn.

In het prille begin van de mensheid ruilden Adam en Eva hun afhankelijkheid van God voor vertrouwen in kennis, vanuit een motivatie van rebellie en trots. Die actie veranderde de koers van ieder mens die vanaf dat moment op de aarde zou komen te leven. In plaats van God te vertrouwen en om van Zijn kennis, wijsheid en inzicht afhankelijk te zijn, kozen zij het tegenovergestelde. Vanaf dat moment had ieder mens het vleselijke verlangen om hetzelfde te doen. En we moeten vechten om dat verlangen te muilkorven. We moeten onszelf in lijn brengen met het Woord van God. Zijn gedachten moeten onze gedachten zijn. Zijn wil moet onze wil zijn. Zijn vreugde moet onze vreugde zijn. Wat Hij als zonde beschouwd, moet door ons ook als zonde beschouwd worden.

Wat Hij als gerechtigheid beschouwd, moeten wij ook zo beschouwen. Het is een verandering van hart en een verandering van denken.

Vertrouw op de HEERE met heel je hart, en steun op je eigen inzicht niet. Ken Hem in al je wegen, dan zal Hij je paden rechtmaken. Wees niet wijs in je eigen ogen: vrees de HEERE en keer je af van het kwade. Het zal een medicijn zijn voor je navel en verfrissing voor je beenderen.
Spreuken 3:5-8

We hebben geleerd over het bestaan van boze geesten en het bestaan van vloeken. En vele malen gaan we er vanuit dat dat gaande is wanneer dingen zwaar worden in ons leven. Hoewel dat zeker het geval kan zijn, moeten we ook niet vergeten dat er nog zoiets is als testen en beproevingen. Er is geen enkel persoon die onder en in de Zalving beweegt en dat zomaar heeft ontvangen. Zij zijn allemaal door moeilijke tijden gegaan, door testen en beproevingen, zelfs tot op het punt waar ze dachten dat ze niet meer konden dragen. Een periode waarin alles wat ze ondernamen leek te mislukken. Aangezien vrijwel niemand hier meer over onderwijst, raken veel mensen zo verschrikkelijk ontmoedigd, terneergeslagen en depressief, dat ze willen opgeven en geloven dat er geen hoop meer voor hen is. Ik vertel u dat dit een normaal onderdeel is van uw Christelijke leven. U heeft niet gefaald, maar u zit in een test. Dit is allemaal bedoeld als voorbereiding voor uw bediening, om uw gedachten, uw hart en uw karakter in lijn te brengen met het Woord van God, om u zachtmoedig en nederig te maken. Het is de plaats waar u sterft en waar het leven van Jezus het in u overneemt. Dat is niet makkelijk en er is geloof voor nodig om staande te kunnen blijven.

Alleen zij die in Zijn Woord blijven, die vasthouden aan Zijn beloftes, zullen overwinnen. Zelfs als het jaren of decennia duurt. We moeten tot de conclusie komen dat God altijd trouw is en zal zijn aan Zijn Woord. Misschien bevindt u zich op dit moment in testen en beproevingen. Misschien heeft u al die grote beloftes ontvangen, maar heeft u daar nog niets van gezien. Misschien gaat dat nu al jaren zo, zonder enig teken. Ik vertel u dat dit een normaal deel is van het Christelijke leven. U heeft niets verkeerd gedaan. God beschouwd u als zo waardevol dat Hij u koos om u voor te bereiden voor Zijn dienst. Zelfs al zou dat de redding van één ziel zijn. Hij bereid u voor op een taak. En zelfs wanneer het voelt dat u het niet meer aankunt, dan is dat het moment om toch vol te houden. Dat is het moment om niet geleid te worden door uw gevoelens of emoties, maar om vast te houden aan de beloftes van God. Zoals het oude lied van Russel Carter zegt: "Glorie, glorie! Nimmer kan het eeuwig woord des Heren falen! Glorie, glorie! 'k Sta vast op de beloften van mijn God!" Geef niet op. Ook dit zal voorbij gaan. U bent nog onderweg en het beste moet nog komen!

De ellendigen en de armen zoeken water, maar het is er niet, hun tong versmacht van dorst. Ík, de HEERE, zal hen verhoren, Ik, de God van Israël, zal hen niet verlaten. Ik zal op kale hoogten rivieren doen ontspringen, midden in valleien bronnen. Ik zal de woestijn maken tot een waterpoel, het dorre land tot waterbronnen. Ik zal in de woestijn de ceder zetten, de acacia, de mirt en de oliehoudende boom. Ik zal in de wildernis de cipres plaatsen, samen met plataan en dennenboom, opdat men ziet en erkent, bedenkt en tevens inziet dat de hand van de HEERE dit gedaan heeft, en de Heilige van Israël het geschapen heeft.
Jesaja 41:17-20

Al zal de vijgenboom niet in bloei staan en er geen vrucht aan de wijnstok zijn, al zal de opbrengst van de olijfboom tegenvallen en zullen de velden geen voedsel voortbrengen, al zal het kleinvee uit de kooi verdwenen zijn en er geen rund in de stallen over zijn – ik zal dan toch in de HEERE van vreugde opspringen, mij verheugen in de God van mijn heil. De HEERE Heere is mijn kracht, Hij maakt mijn voeten als die van de hinden, en Hij doet mij treden op mijn hoogten.
Habakuk 3:17-19

Zalig is de man die verzoeking verdraagt, want als hij beproefd gebleken is, zal hij de kroon van het leven ontvangen, die de Heere beloofd heeft aan hen die Hem liefhebben. Laat niemand zeggen, als hij verzocht wordt: Ik word door God verzocht. God immers kan niet verzocht worden met het kwade en Hijzelf verzoekt niemand. Maar ieder mens wordt verzocht, als hij door zijn eigen begeerte wordt meegesleurd en verlokt. Daarna, wanneer de begeerte bevrucht is, baart ze zonde, en wanneer de zonde volgroeid is, baart ze de dood. Dwaal niet, mijn geliefde broeders! Elke

goede gave en elk volmaakt geschenk is van boven en daalt neer van de
Vader der lichten, bij Wie er geen verandering is, of schaduw van omkeer.
Jakobus 1:12-17

HOOFDSTUK 10

HANDELEN IN DE GEESTELIJKE ZALVING

Handelen in de Geestelijke Zalving betekend om gevoelig te zijn voor wanneer en hoe de Heilige Geest door u heen wil bewegen en om daar beschikbaar voor te zijn. Zoals we hebben kunnen zien in het vorige hoofdstuk, is er tijd en voorbereiding nodig en zijn er lessen nodig om dat te kunnen leren. Het kan gemakkelijk gemist worden als we niet weten waar we op moeten letten. Maar wanneer Hij ons heeft voorbereid, door testen en beproevingen, dan worden een bruikbaar instrument in Zijn handen. Dat is het moment waar we uit de periode van wildernis, droogte en falen komen. Het is het moment wanneer we geleerd hebben om nederig, zachtmoedig en afhankelijk te zijn. Dit is ook waarom het zo belangrijk is om God te raadplegen voor het aanstellen van leiders. Want wij weten niet wie er al klaar is. Wij hebben de testen en beproevingen niet gezien waar mensen doorheen moesten gaan. Wij hebben niet gezien hoe zij daarop gereageerd hebben en of hun karakter al in lijn is met het Woord van God. Al deze dingen zijn niet zichtbaar vanaf de buitenkant, want het leeft in onze harten. Alleen God is Degene Die onze harten en gedachten dagelijks doorzoekt en Die dat ook kan doen. Hoe verder we groeien naar hogere geestelijke niveaus, hoe lager en zachtmoediger we in de natuurlijke wereld worden.

En wie zichzelf zal verhogen, zal vernederd worden; en wie zichzelf zal vernederen, zal verhoogd worden.
Mattheüs 23:12

Hij zal de voeten van Zijn gunstelingen bewaren, maar de goddelozen zullen zwijgen in de duisternis, want een man is niet sterk door eigen kracht. Zij die de HEERE ter verantwoording roepen, zullen verpletterd worden; Hij zal in de hemel over hen donderen. De HEERE zal rechtspreken over de einden der aarde;

Hij zal Zijn Koning kracht geven, en de hoorn van Zijn Gezalfde opheffen.
1 Samuël 2:9-10

Wanneer de tijd van voorbereiding, beproevingen en testen voorbij is, dan zal God u aanstellen en Zalven voor uw taak of bediening. Vanaf dat moment wordt u beschouwd als iemand die handelt naar Gods hart en ziel (1 Samuël 2:35). De Heer Zelf zal u verhogen. Hij zal u openlijk belonen voor uw trouw en voor het niet opgeven. Hij zal dat doen voor de ogen van uw tegenstanders (Psalm 23:5). Wanneer u gerechtigheid liefheeft en het kwaad haat, dan zult u Gods Zalving met de olie van vreugde ontvangen, net zoals Jezus deze ontving, om precies dezelfde reden (Psalm 45:7). U zult zijn als een bladerrijke olijfboom in het huis van God (Psalm 52:10), geworteld in Zijn liefde (Efeziërs 3:17). De Zalving zal het herstel van uw autoriteit en waardigheid zijn (2 Kronieken 28:15, Ezechiël 16:9).

De allergrootste beproeving en test

Beproevingen en testen zullen komen en gaan in uw leven. Of we ons daar nu bewust van zijn of niet, God staat voortdurend toe dat wij beproefd en getest worden. Wanneer u uit de testen en beproevingen bent gekomen, die bedoeld waren om u klaar te maken voor dienstbetoon, dan is er één gedeelte dat overal terugkomt, in iedere functieomschrijving van het leger van de Heer. Die omschrijving zal nooit veranderen en zal gebruikt worden om uw leven aan af te meten.

Zou de HEERE behagen scheppen in duizenden rammen, in tienduizenden oliebeken? Zal ik mijn eerstgeborene geven voor mijn overtreding, de vrucht van mijn moederschoot voor de zonde van mijn ziel? Hij heeft u, mens, bekendgemaakt wat goed is en wat de HEERE van u vraagt: niets anders dan recht te doen, goedertierenheid lief te hebben en ootmoedig te wandelen met uw God.
Micha 6:7-8

Dit zijn de drie meest belangrijke vereisten voor iedere functie in het leger van de Heer: Handel rechtvaardig, heb de genade lief en wandel in nederigheid met God. De beproevingen en testen zullen doorgaan, maar de ze zullen veranderen. Ieder les heeft het doel om u iets te leren.

Een les zal door blijven gaan totdat u heeft geleerd wat God u wilde leren. Dan zal de volgende les starten. Deze lessen zullen u helpen om verder te groeien naar hogere geestelijke niveaus, om te ontdekken welke autoriteit u heeft en om te leren hoe u deze voor het Koninkrijk kunt gebruiken. Ik ben het eens met al die mensen die zeggen dat we alle autoriteit hebben ontvangen. Dat is Bijbel en kan ook gezien worden in Lukas 10:19. Maar wat heeft u aan autoriteit wanneer u de mate daarvan niet kent, wanneer u niet weet hoever het gaat en wanneer u niet weet hoe en wanneer het te gebruiken? Dus ja, u heeft alle autoriteit, maar we moeten allemaal leren om daar ook in de wandelen. De lessen zijn bedoelt om dat te bereiken. Waarheid en kennis kunnen alleen gebruikt worden wanneer we deze kennen en er ons bewust van zijn. Hetzelfde is van toepassing op autoriteit. Hoe meer we leren in deze lessen, hoe meer we in staat zullen zijn om de door God gegeven autoriteit te gebruiken.

Hoe kan ik weten dat u uit deze periode van beproevingen en testen zult komen? Ten eerste omdat God trouw is. Ten tweede omdat God er niet op uit is om uw leven ellendig te maken. En ten derde omdat al die testen en beproevingen er ook voor bedoelt zijn om u klaar te maken voor de allergrootste test. Die test heeft "succes".

Wanneer we pijn hebben, dan zijn we ons daar steeds van bewust. Het is er altijd en herinnert ons eraan dat er iets mis is en genezing nodig heeft. Of dit nu fysiek of emotioneel is. Het zal niet weggaan totdat we daar op gepaste wijze mee zijn omgegaan. Maar het opmerkelijke is dat precies het tegenovergestelde van toepassing is voor het gebrek aan pijn. Wanneer het goed met ons gaat, en we geen pijn hebben, dan zijn we ons daar niet van bewust. U bent zich er nu van bewust, omdat ik u dit vertel. Maar u loopt niet steeds rond met het bewustzijn van gebrek aan pijn.

Beproevingen en testen zijn vaak pijnlijke situaties. Ze maken ons ervan bewust dat er genezing of herstel nodig is, naar de persoon die God wil dat u zal zijn. Wij proberen altijd eerst om onze problemen op eigen kracht op te lossen, maar in beproevingen en testen zal dat nooit werken. In verzoekingen en testen zijn onze kracht, kennis, inzicht en wijsheid niet voldoende om het probleem op te lossen. Waarom? Omdat ze tot doel hebben om u te leren weer afhankelijk van God te worden, zoals de mens was toen Hij ons schiep. We moeten ons ervan bewust worden hoe ontoereikend wij zijn en dat we niets kunnen zonder God, zoals Jezus duidelijk aangaf.

Ik ben de Wijnstok, u de ranken; wie in Mij blijft, en Ik in hem, die draagt veel vrucht, want zonder Mij kunt u niets doen.

Johannes 15:5

Tijdens beproevingen en testen wordt dit pijnlijk duidelijk. Met name wanneer alles wat u doet lijkt te mislukken. Het doet u realiseren dat u werkelijk niets kunt doen zonder Jezus. Hoe verder u gaat, hoe meer dat besef groeit. Tot het punt waar u heeft geleerd om niet bij uw eigen kracht te beginnen, maar om de zaak eerst aan Jezus voor te leggen en om Zijn instructies te vragen over hoe het aangepakt moet worden. Dan moeten we leren om Zijn instructies te gehoorzamen en ernaar te gaan handelen, ongeacht hoe onaannemelijk of vreemd de instructies ook moge klinken. Ja, u zult waarschijnlijk ook een aantal malen falen tijdens dat proces. Velen geloven dat het doel is om succes te bereiken, terwijl dat niet het doel van God is. Het is Zijn doel om uw karakter te vormen, om u te leren volledig afhankelijk van Hem te zijn en om u te leren om niet op te geven, ongeacht wat. Of dat nu bereikt wordt doordat u succes heeft of door uw falen, dat doet er niet toe. Maar wanneer u de finish van deze beproevingen en testen heeft bereikt, dan zal de pijn weggaan en het bewustzijn zal daarmee ook verdwijnen. Dat is wanneer de test van "succes" begint.

Wanneer de test van "succes" begint, dan zal uw leven opeens gaan veranderen. Opeens gaan alle deuren naar succes open. Laat me beginnen u te vertellen dat wanneer (niet als) dit bij u gebeurt, dat het betekent dat God zegt dat u daar klaar voor bent. U gaat niet machteloos deze test binnen. Wanneer dit begint te gebeuren, dan betekent dit dat u alles heeft wat u nodig heeft om voor de test te slagen. Maar u zult alle lessen die u heeft geleerd zelf toe moeten passen om staande te blijven. U kunt ongelofelijk veel succes hebben, terwijl u langzaam begint af te dwalen van afhankelijkheid van God. U bent zich bewust van pijn, maar wanneer er geen pijn is om u van bewust te zijn, dan lijkt het leven slechts een normale gang van zaken, als iets dat voor de hand ligt. Wanneer u bijvoorbeeld in geldnood bent, dan vraagt u God om hulp. Wanneer u een gevulde bankrekening heeft, dan gaat u gewoon naar een pinautomaat, terwijl u hetzelfde zou moeten doen. Uw tijd, geld en al uw bezittingen behoren God toe. Hij zou moeten beslissen wat er mee gebeurd. Maar wanneer we een gevulde bankrekening hebben, dan hebben we reeds toegang tot alle middelen. Op zo'n moment is het moeilijk om afhankelijk te blijven. Hetzelfde is van toepassing op al het andere dat God u geeft. Als u de gave van genezing heeft ontvangen, dan kunt u voor de zieken bidden en zullen zij genezen. Want God is trouw aan Zijn Woord. Maar zelfs in die situatie is het makkelijk om onze afhankelijkheid te verliezen. Wanneer het toch wel gebeurd, dan lijkt de noodzaak om te bidden en om naar Zijn stem te luisteren een stuk minder, terwijl de noodzaak net zo groot blijft. We moeten ten alle tijden alert blijven, bewust van hoeveel we Jezus nodig hebben, terwijl we door blijven gaan met afhankelijk te zijn van Hem. Ongeacht hoe succesvol we zijn of zullen worden. Wees voorbereid op deze valstrikken, want vallen is veel te makkelijk.

De Zalving doders

Wanneer we spreken over wandelen, dan is het onvermijdelijk dat we zo nu en dan ook vallen. Wanneer we iets leren van het Woord van God, dan zal Hij ons de nodige openbaring, wijsheid en inzicht geven, zodat wij kunnen begrijpen wat Hij ons wil leren. Zodra we dit begrepen hebben, dan is er maar één iets dat ons geloof echt en sterk kan maken: beproevingen. Vaak zal God situaties in ons leven toestaan, om ons te laten zien dat iets wel of niet werkt. Het eerste voorbeeld hiervan kan gevonden worden in Genesis, toen God zei: "Het is niet goed dat de mens alleen is". Hij wist dat Adam een vrouw nodig had, maar degene die dat nog niet wist was Adam. En dus bewees God Zijn punt.

De HEERE God vormde uit de aardbodem alle dieren van het veld en alle vogels in de lucht, en bracht die bij Adam om te zien hoe hij ze noemen zou; en zoals Adam elk levend wezen noemen zou, zo zou zijn naam zijn. Zo gaf Adam namen aan al het vee en aan de vogels in de lucht en aan alle dieren van het veld; maar voor de mens vond hij geen hulp als iemand tegenover hem.
Genesis 2:19-20

God was niet verward of verbaasd toen Adam tot de conclusie kwam dat er geen hulp voor hem gevonden kon worden, die gelijkwaardig was aan hemzelf. Voordat God alle levende schepsels maakte was Adam zich nog niet bewust van zijn nood. Daarna, en terwijl God toekeek hoe hij de dieren noemen zou, was Adam zich zeer bewust van zijn nood. Toen hij dat punt bereikte was dat het moment voor God om de vrouw te maken. Omdat Adam op dat punt had geleerd hoe hij haar moest waarderen.

De werkelijke waarde van Gods gaven word voor ons pas van enige waarde wanneer wij in staat zijn om te zien dat we dat nodig hebben. Dat was het geval bij Adam. Toen hij Eva van God ontving, wist hij precies wat hij had ontvangen en hoe waardevol ze was. Hetzelfde is ook van toepassing op genade. We kunnen de genade alleen op waarde schatten wanneer we in staat zijn om de vleselijke conditie van ons hart te zien en wanneer we inzien hoe zonde ons leven verwoest heeft. God zal ons nooit ons zondige hart laten zien om ons te beschuldigen of te veroordelen. Dat is wat de duivel doet. Hij wil dat u zich schuldig en hopeloos voelt, en dat u bij God vandaan gaat. Maar God laat u uw zondige hart zien om aan te tonen hoezeer u Hem nodig heeft. Zodra u zich dat realiseert doet Hij het onmogelijke en geeft u een nieuw hart. Want zodra u zich uw vleselijke conditie realiseert, dan weet u ook hoe u een nieuw hart op waarde moet schatten en hoe u de Gever van dat hart op waarde moet schatten.

In iedere les is er ruimte voor fouten. Het is niet Gods doel om u te doen vallen of te doen zondigen. Hij haat zonde en Hij wil niet dat u valt. Maar de realiteit is dat we soms wel vallen. Wanneer een kind leert fietsen, dan gaat dat met vallen en opstaan. Opnieuw en opnieuw. Totdat, op een bepaald punt, het kind weet hoe het de fiets zo moet besturen dat het niet valt, maar vooruit beweegt. En zelfs dan is het nog mogelijk dat het kind een keer valt, hoewel het wel steeds minder zal worden. Het is hetzelfde met onze wandel met God. Wanneer u nog nooit gevallen bent, dan heeft u nog nooit bewogen. Vele Christenen brengen hun leven door in kerken waar ze nooit een millimeter bewegen. Dertig of veertig jaar later zijn ze nog precies hetzelfde en doen ze nog steeds dezelfde dingen. Ze zijn niet verder veranderd. De meesten zijn ook niet aangemoedigd om dat te doen. Hoewel het veel veiliger kan voelen om niet te bewegen, en vast te houden aan de bekende patronen en tradities, is die houding één van de meest dodelijke houdingen voor het Christelijke leven. Het Woord van God heeft ons geroepen om discipelen te maken, om mensen te leren in beweging te komen. Niet in een willekeurige richting, maar richting het beeld van Jezus. Wij zijn geroepen om het evangelie te verkondigen, om in nieuwe tongen te spreken, om demonen uit te drijven, om de zieken te genezen enz. Dat betekend bewegen in geloof. Maar de beste eigenschappen van allemaal zijn om rechtvaardig te handelen, de genade lief te hebben en om nederig met God te wandelen. Zonder deze eigenschappen worden alle andere eigenschappen waardeloos. Maar met deze eigenschappen zal de geestelijke Zalving bij u zijn en zullen tekenen en wonderen u volgen, in plaats van andersom. Misschien bent u geroepen voor de redding van één persoon, misschien bent u geroepen voor de redding van een miljoen mensen. Voor God is het allemaal net zo waardevol, zolang het vanuit een nederig en afhankelijk hart komt.

Dit alles gezegd hebbende, kunnen we nu gaan kijken naar wat ik de "Zalving doders" noem. Rechtvaardig te handelen, de genade lief te hebben en om nederig met God te wandelen zijn eigenschappen die vanaf één plaats afkomstig zijn: het hart. Mijn favoriete Bijbelleraar, Derek Prince, zei ooit: "Als u een goed leven wil hebben, heb dan een goed hart". Dat klopt helemaal. Maar ik kan er ook nog iets aan toevoegen. Wanneer u een Gezalfd leven wilt hebben, waarbij de geestelijke Zalving van onze Heer Jezus Christus u omringt, dan moet u bij het hart beginnen. Rechtvaardig handelen, genade liefhebben en nederig wandelen zijn zichtbare dingen, maar zij zijn niet het doel. Zij zijn het resultaat, de vruchten, van een hart dat rechtvaardig, genadevol en nederig is ten opzichte van God. Wanneer de conditie van het hart slecht word, dan zal de Zalving weggaan. De eerste aanduiding en waarschuwing dat er iets fout zit, is het gebrek aan de Zalving. Waarom doet God dat? Om ons ervan bewust te maken dat er iets fout zit. Vanaf dat punt zal de situatie steeds slechter worden, totdat we ons eindelijk realiseren dat we op een bepaald punt in de verkeerde richting zijn gegaan.

Ik heb u geslagen met korenbrand en met meeldauw. De sprinkhanen
vraten uw talrijke tuinen, wijngaarden, vijgenbomen en olijfbomen op.
Toch hebt u zich niet tot Mij bekeerd, spreekt de HEERE.
Amos 4:9

Een betere vertaling zou zijn: "Toch bent u niet tot Mij teruggekeerd."
God kan dit doen en doet dit ook. Niet voor uw vernietiging, niet met als
doel om u te veroordelen, maar om u nog een kans te geven om tot Hem
terug te keren, nu er nog tijd is. Dat betekend dat de Zalving hersteld kan
worden, wanneer wij op de juiste wijze reageren.

De oorzaak voor het gebrek aan Zalving kan in één woord worden
omschreven: Trots. Het is de wortel van iedere andere zonde. En het
zal onmiddellijk de Zalving doden. Wat er over blijft zijn slechts dode
werken. De Bijbel leert ons dat satan ons aanklaagt, waar en wanneer hij
de kans krijgt. De vijand zal proberen om u te overspoelen met gevoelens
van schuld en schaamte, wanneer we een zonde begaan. Maar er is een
uitzondering. Want hij zal u nooit aanklagen vanwege trots. Hij zal u nooit
schuldig of schaamtevol doen voelen vanwege trots. Want hij beschouwd
dat niet als een zonde. En omdat het een erkenning van zijn eigen zonde
zou zijn, want het was vanwege trots dat hij uit de aanwezigheid van
God werd verbannen. Vanwege zijn trots is het niet langer de Gezalfde
Cherub, maar een persoon die volledig ontdaan is van zijn identiteit en
Zalving. Het gebrek aan aanklacht maakt het ook gevaarlijk. Wanneer
we ons niet schuldig voelen, dan denken we vaak dat er niets fout zit.
We gebruiken dit vaak als onze enige indicatie, maar wanneer we dat
doen, dan missen we de meest belangrijke zonde van allemaal, en dat
is de zonde van trots en hoogmoed. Wanneer God Zijn afstand neemt,
wanneer de Zalving ontbreekt, dan is dat het moment om goed op te
gaan letten. Een zeer duidelijke en gedetailleerde omschrijving hiervan
kan gevonden worden in 2 Kronieken, waar het spreekt over het leven
van Hizkia, de koning van Juda.

In die dagen werd Hizkia ziek, tot stervens toe. Hij bad tot de HEERE,
en Die sprak tot hem en gaf hem een wonderteken. Maar Hizkia vergold
niet overeenkomstig de weldaad die hem bewezen was, omdat zijn hart
hoogmoedig werd. Daarom rustte er grote toorn op hem en op Juda en

Jeruzalem. Hizkia vernederde zich echter om de hoogmoed van zijn hart, hij en de inwoners van Jeruzalem, zodat de grote toorn van de HEERE niet op hen kwam in de dagen van Hizkia.
2 Kronieken 32:24-26

Hizkia was één van de Gezalfden des Heren. Hij was de koning van Juda. In zijn momenten van nood en ziekte, gaf God Hem antwoord. Maar zijn hart werd trots, waardoor de toorn van God over hem kwam en over een ieder die onder zijn gezag stond. Geen zegeningen, geen aanwezigheid van God en geen geestelijke Zalving. Precies het tegenovergestelde begon plaats te vinden. Maar de koning zag in dat hij een fout had gemaakt en handelde zoals een man van God zou moeten handelen. Hij vernederde zichzelf, samen met het hele volk, en God antwoorde opnieuw en herstelde hem volledig, tot in ieder klein detail. De zegeningen keerden terug, Gods aanwezigheid keerde terug en de geestelijke Zalving keerde terug. Als gevolg daarvan was er grote rijkdom aan specerijen en olie in het natuurlijke, zoals gezien kan worden in vers 27 en 28.

Wel of niet nederig zijn is een keuze. Het heeft niets te maken met emoties of gevoelens. Het gaat om de houding. U kunt ervoor kiezen om nederig te zijn in uw hart, maar u kunt er ook voor kiezen om trots toe te staan. Maar één ding is zeker. Trots komt voor vernietiging, en een hoogmoedige geest komt voor de val (Spreuken 16:18). Het moment dat u trots in uw hart toestaat is het moment waarop uw bestemming is bepaald. Tenzij u uw wegen veranderd. Trots is alles wat u doet vanuit het verlangen om onafhankelijk van God te zijn en om te leunen op uw eigen wijsheid, kennis en inzicht. Er zijn maar een paar Bijbelverzen die specifiek de werken van trots vermelden, die de Zalving doen stoppen, maar het volgende vers is hier glashelder over.

Zelf zult u zaaien, maar niet maaien, zelf zult u olijven treden, maar u niet met olie zalven, en nieuwe wijn oogsten, maar geen wijn drinken. Want men houdt zich aan de verordeningen van Omri en aan alles wat het huis van Achab gedaan heeft. U gaat voort in hun opvattingen, zodat Ik u overgeef aan de verwoesting, en haar inwoners maak tot een aanfluiting. Zo zult u de smaad van Mijn volk dragen.
Micha 6:15-16

De grootste Zalving doders die de Bijbel vermeld zijn de werken van Omri en de werken van zijn zoon Achab (die met Izebel trouwde, een priesteres van Baal). De wortel van alles was trots, maar het veroorzaakte ook vele andere zondes, zoals seksuele zonde, zelfpromotie, zelfverhoging, onrechtmatige toe-eigening van gezag, afgoden aanbidden, toverij, vervolgen van Gods Gezalfden enz. Om deze reden waarschuwde Jezus de kerk van Thyatira hiertegen (Openbaring 2:20). Jezus omschreef al deze werken specifiek als "de diepten van satan" (vers 24). Merk ook op dat vanaf de buitenkant alles perfect leek te zijn. Jezus zei: "Ik ken uw werken, de liefde, het dienstbetoon, het geloof, uw volharding en uw werken, en ook dat de laatste meer zijn dan de eerste." Wat is ervoor nodig om het probleem te kunnen zien? Openbaring. Wat is het eerste teken dat er iets fout zit? Wanneer de Zalving stopt en ontbreekt. Wanneer dat gebeurd is het tijd om heel erg op te gaan letten. De weg terug naar de Zalving is om uzelf te vernederen, te beginnen in uw hart.

En alle gemeenten zullen weten dat Ik het ben Die nieren en harten doorzoek.
Openbaring 2:23

De gevallen Gezalfde leiders

Leiders staan op en leiders vallen. De Gezalfde leiders zijn geen uitzondering. Maar wat hen onderscheid van alle andere leiders is niet dat zij niet vallen, maar dat zij anders reageren als of wanneer het gebeurd. Veel mensen geloven dat de Gezalfde leiders slechts één kans hebben om het goed te doen. Zodra een Gezalfde leider valt, dan weten ze niet hoe snel ze hun handen in 'onschuld' moeten wassen, terwijl ze publiekelijk afstand nemen van die persoon. Maar dat is geen reactie vanuit de Geest van God, dat is een reactie vanuit de politieke geest, de vijand van God. Die houding en reactie heeft tot doel om een persoon en bediening te vernietigen. Jezus zei dat we een persoon kunnen kennen door zijn vruchten (Mattheüs 7:20). Hij vertelde ook wat de vruchten van onze vijand zijn, namelijk om te stelen, te slachten en te vernietigen (Johannes 10:10). Ieder persoon die dezelfde vruchten toont, toont wie zijn meester is. Het doel en de vruchten van God zijn om te redden, te genezen, te bevrijden en te herstellen. Een ieder van Zijn ware volgelingen zullen precies dezelfde vruchten tonen.

Wanneer een Gezalfde leider valt, dan kijk ik altijd naar de vruchten die zij dan tonen. Ik heb het niet over hun zonde, want we hebben allemaal zonde in ons leven en weten allemaal hoe makkelijk we hiervoor kunnen vallen (Hebreeën 12:1). Ik heb het echter over hun reactie wanneer dit gebeurt. Want hun reactie verteld mij alles over hun wandel met Jezus en hun liefde voor Jezus.

Slaat de rechtvaardige mij, het zal een gunst zijn, bestraft hij mij, het zal olie op mijn hoofd wezen, mijn hoofd zal het niet weigeren; dan nog is mijn gebed voor hen in hun ellende.
Psalm 141:5

God tolereert geen zonde. Noch dat Hij dat op enige wijze goedkeurt. Maar Hij is een genadige God. Hij is een herstellende God. Meer zelfs, Hij verlangt naar ons, Hij verlangt ernaar om ons te herstellen en om ons dichtbij Zich te hebben. Hij verlangt naar een hart tot hart relatie. Daarom zal Hij zeer nauw kijken naar de conditie van ons hart, wanneer wij reageren op zonde. Er kan zonde in ons hart zijn, maar zolang als er nog steeds een nederige houding tegenover God is, en de bereidheid om schuld te belijden, dan heeft God genoeg om mee te werken en om ons te herstellen. Het verschil in de conditie van het hart kan vergeleken worden met de reacties van Saul en David, toen beiden geconfronteerd werden met hun zondes. De reactie van Saul begon met "Ja maar…", terwijl David zichzelf niet durfde te rechtvaardigen en onmiddellijk schuld beleed. Hij rechtvaardigde zichzelf niet, maar reageerde zoals een man van God reageert.

Toen zei David tegen Nathan: Ik heb gezondigd tegen de HEERE.
2 Samuël 12:13

David zocht God voor het jongetje; David vastte streng en toen hij naar binnen ging om te overnachten, ging hij op de grond liggen. Toen stonden de oudsten van zijn huis op en kwamen bij hem om hem van de grond te doen opstaan; hij wilde echter niet, en at geen brood met hen.
2 Samuël 12:16-17

Toen stond David op van de grond, waste en zalfde zich en wisselde van kleding. Hij ging het huis van de HEERE binnen en boog zich neer. Daarna kwam hij in zijn huis en vroeg om eten; zij zetten hem voedsel voor en hij at.

2 Samuël 12:20

Vanwege Davids nederige en oprechte houding ten opzichte van zijn zonde, herstelde God hem volledig. Zijn positie werd hem niet ontnomen. Zijn Zalving werd niet weggenomen. Saul reageerde door zijn daden te rechtvaardigen en erkende zijn zondes niet in zijn hart. Om die reden werden zijn zondes niet vergeven en werd het koningschap hem ontnomen. Tegenwoordig laten velen de Sauls van vandaag koning blijven, terwijl ze de Davids verwerpen. De houding ten opzichte van zonde verteld u alles over een persoon. Hoewel David zwak en kwetsbaar leek te zijn, toen hij afrekende met zijn zonde, werd en word zijn naam met eer herdacht, terwijl Saul... Afijn, we weten hoe dat geëindigd is. Wanneer we met mensen te maken hebben, dan hebben we ook met menselijke fouten te maken. De wijze waarop wij daarmee omgaan zegt een hoop over wie wij zijn en wie wij dienen. Is het werkelijk het gelijkenis van Jezus? Of het gelijkenis en de diepten van de vijand? Jezus tolereert geen zonde, rekent radicaal af met hen die zich niet willen bekeren, maar is extreem genadevol voor hen die schuld belijden. Hij zal hen tegemoetkomen in hun zwakheid en in hun nood, en Hij zal hen in eer herstellen. De vijand zal zonde tolereren, zal de excuses en zelfrechtvaardiging van zondige daden accepteren, maar is extreem veroordelend tegenover hen die schuld belijden en wil hen vernietigen. Deze vruchten vertellen u alles over de bron waaruit het voortkomt.

Verzet tegen de Zalving

Waar en wanneer de geestelijke Zalving begint te stromen, daar zal ook altijd verzet zijn. Ongeacht waar u kijkt in de geschiedenis van het volk Israël of van de kerk, u kunt het overal zien. Als u nog niet tegen verzet of weerstand bent aangelopen, dan zou u er goed aan doen om te onderzoeken op welke weg u eigenlijk loopt. Hoe verzet de vijand zich tegen ons? Hij heeft twee zeer effectieve wapens tegen de Zalving.

En Hij gebood hun en zei: Kijk uit, pas op voor het zuurdeeg van de
Farizeeën en voor het zuurdeeg van Herodes.
Markus 8:15

Wanneer Jezus spreekt over het zuurdeeg van de Farizeeën en het
zuurdeeg van Herodes, dan spreekt Hij over de religieuze geest en de
politieke geest. Beiden vijanden van de Zalving. Beiden stellen hun
vertrouwen in hun eigen inspanningen en regels, waarbij ze net doen
alsof ze heilig en rechtvaardig zijn, maar daar verre van verwijderd zijn.
Het gebruik van zuurdeeg was strikt verboden in alle vuuroffers voor
de Heer. Ook de religieuze geest en de politieke geest kan de test van
Gods heilige vuur niet doorstaan, want het enige wat deze geesten doen
is zichzelf rechtvaardigen. Het is als leven voor God, zonder Hem daarbij
te betrekken. Het ziet er eerbaar uit, erg religieus zelfs, maar het heeft
geen enkele betekenis. Deze machten willen zelfs zover gaan als moord,
om mensen aan hun zijde te krijgen, om hun eigen geloofssysteem, regels
en tradities te beschermen. Een voorbeeld hiervan kan gezien worden in
het leven van Jezus, Die continu met dit soort machten te maken had.

Ik weet dat u Abrahams nageslacht bent, maar u probeert Mij te doden,
omdat Mijn woord in u geen plaats krijgt. Ik spreek over wat Ik bij Mijn
Vader gezien heb; u doet dus ook wat u bij uw vader gezien hebt.
Johannes 8:37-38

Een grote menigte dan van de Joden kwam te weten dat Hij daar was;
en zij kwamen niet alleen vanwege Jezus, maar ook om Lazarus te zien,
die Hij uit de doden opgewekt had. En de overpriesters beraadslaagden
om ook Lazarus te doden, omdat omwille van hem velen van de Joden
wegliepen en in Jezus geloofden.
Johannes 12:9-11

Ze kunnen gelovigen zijn, maar ze zijn geen Christenen. Ze kunnen
geloven dat het Woord van God waar is, maar dat gelooft satan ook.
Alleen zij die in de Woorden van Jezus blijven zijn Zijn ware discipelen
(Johannes 8:31). Het is niet voldoende om naar een Bijbelschool te gaan,
om iedere zondag naar de kerk te gaan en om ieder Woord van de Bijbel
te kennen. Laat me u verzekeren dat satan ieder Woord ook kent. Hij

kent het waarschijnlijk beter dan de meeste Christenen. Maar zonder inzicht, openbaring en wijsheid heeft het Woord geen waarde. Of we dat nu leuk vinden of niet, we zijn afhankelijk van God. We zijn blind, totdat Hij ons in staat stelt om te zien. Alleen zij die vragen, zullen ontvangen. Alleen zij die met hun hele hart zoeken, zullen vinden. Alleen zij die blijven kloppen, zonder op te geven, zullen de deur voor hen geopend zien worden. Maar voor een ieder die het Woord gebruikt als een manier om zichzelf te rechtvaardigen, zal alle wijsheid en inzicht worden geblokkeerd. Zij zouden de waarheid nog niet herkennen als het recht tegenover hen stond. Zij zullen nooit in staat zijn om de vrucht van de Geest voort te brengen of om in de Zalving te bewegen, want duisternis is niet in staat om Zalving te produceren (Jakobus 3:12).

Want uit genade bent u zalig geworden, door het geloof, en dat niet uit u, het is de gave van God; niet uit werken, opdat niemand zou roemen.
Efeziërs 2:8-9

De Zalving zal altijd de ware volgelingen van Jezus Christus samensmelten (Psalm 133). Het zal nooit verdelen, maar samenbrengen. Waar de Zalving valt, daar is onmiddellijk eenheid onder de ware Christenen, ongeacht hun verschillen. De Heilige Geest in u zal nooit een ander persoon met de Heilige Geest aanvallen. De Heilige Geest kan niet en zal niet tegen Zichzelf werken. Maar iedere andere geest dan de Heilige Geest zal de Zalving altijd proberen aan te vallen.

Jezus dan zei tegen hen: Als God uw Vader was, zou u Mij liefhebben; want Ik ben van God uitgegaan en gekomen. Want Ik ben ook niet uit Mijzelf gekomen, maar Hij heeft Mij gezonden. Waarom begrijpt u niet wat Ik zeg? Omdat u Mijn woord niet kunt horen. U bent uit uw vader de duivel, en wilt de begeerten van uw vader doen; die was een mensenmoordenaar van het begin af, en staat niet in de waarheid, want er is in hem geen waarheid. Wanneer hij de leugen spreekt, spreekt hij vanuit wat van hemzelf is, want hij is een leugenaar en de vader van de leugen. Maar Mij, omdat Ik de waarheid spreek, Mij gelooft u niet.
Johannes 8:42-45

Dus u wilt de geestelijke Zalving? U wilt daarin wandelen, spreken en handelen? Ga ervoor! God moedigt u aan om dat na te jagen. Maar weet wel dat wanneer Jezus te maken kreeg met verzet en tegenwerking, terwijl hij wandelde, sprak en handelde in de Zalving, dat ook u er dan mee te maken zult krijgen. Een leerling staat niet boven zijn Leraar en een dienaar niet boven zijn Meester (Mattheüs 10:24). Hoe kunt u staande blijven? Blijf in Zijn Woord. Lees het, overdenk het, zoek naar het inzicht en de wijsheid erachter en leef het.

Wees dus niet bevreesd voor hen, want er is niets bedekt wat niet geopenbaard zal worden, en er is niets verborgen wat niet bekend zal worden. Wat Ik u zeg in het duister, zeg het in het licht; en wat u hoort in het oor, predik dat op de daken. En wees niet bevreesd voor hen die het lichaam doden en de ziel niet kunnen doden, maar wees veeleer bevreesd voor Hem Die zowel ziel als lichaam te gronde kan richten in de hel. Worden niet twee musjes voor een penninkje verkocht? En niet een van die zal op de aarde vallen buiten uw Vader om. En ook de haren van uw hoofd zijn alle geteld. Wees dus niet bevreesd, u gaat veel musjes te boven.
Mattheüs 10:26:31

HOOFDSTUK 11

GEZALFDE AANBIDDING

Terwijl het Woord van God het enige is dat de kracht heeft om u van binnenuit te veranderen, zal het u ook voorbereiden op wanneer en hoe u met de Zalving om moet gaan. Want de Zalving van God, de geestelijke Zalving, is niet iets dat op eigen inzicht gebruikt kan worden. Het is het Woord van God dat u toerust, het is de Heilige Geest Die het levend in u maakt. Maar de weg om toegang te krijgen tot de Zalving leidt door aanbidding. Velen geloven dat aanbidding het zingen van een aantal liederen is, misschien zelfs wel hele fijne liederen, maar het is meer dan dat. Het is een levensstijl. Het kan worden omschreven als de houding van het hart. Een houding van afhankelijkheid. Het Woord kan in u zijn en kan levend in u zijn. Maar dan moet u er ook nog iets mee doen. Met andere woorden, hoe gaan we reageren? Als u de waarheid kent, wat Jezus Christus is, wat voor invloed heeft dat dan op uw leven? Als het niets doet dan is het waardeloos. We moeten er ook iets mee doen, dus we moeten in beweging komen. We moeten het Woord toestaan om Gods veranderingen in onze levens aan te brengen en we moeten reageren op het werk van de Heilige Geest en het Heilige Woord is ons. Dat kunnen we doen door een levensstijl van aanbidding.

Het volk Israël was gewend aan vele rituelen en gebruiken, om God te dienen. In die tijden kon de aanwezigheid van God alleen in de Tempel gevonden worden, en daarvoor in de Tabernakel. Dus feitelijk was er geen direct contact mogelijk tussen God en Zijn volk. De priesters waren degenen die in Gods aanwezigheid mochten komen en die namens het volk mochten handelen. En toen, toen dit alles nog steeds van toepassing was, en voordat Jezus stierf aan het kruis, maakt Hij de volgende opmerking, welke zeer opmerkelijk was voor die tijd.

Jezus zei tegen haar: Vrouw, geloof Mij, de tijd komt dat u niet op deze berg, en ook niet in Jeruzalem de Vader zult aanbidden. U aanbidt wat u niet weet; wij aanbidden wat wij weten, want de zaligheid is uit de Joden. Maar de tijd komt en is nu, dat de ware aanbidders de Vader

zullen aanbidden in geest en waarheid, want de Vader zoekt wie Hem zo aanbidden. God is Geest en wie Hem aanbidden, moeten Hem aanbidden in geest en waarheid.
Johannes 4:21-24

God is Geest. Hij woont in de geestelijke wereld. Alles wat Hij doet gebeurt eerst in de geestelijke wereld, voordat wij het resultaat kunnen waarnemen in onze natuurlijke en zichtbare wereld. De Tabernakel en de Tempel waren de poort tot en de connectie met God in die tijd, maar alleen door middel van de priesters, niet direct. Toen Jezus stierf aan het kruis veranderde dat helemaal. Vanaf dat moment scheurde het voorhangsel, verliet God de Tempel en koos Hij ons, als volgelingen en discipelen van Jezus Christus, als Zijn woonplaats. Hij woont nu in ons. Zijn aanwezigheid woont in ons. Maar Hij is nog steeds Geest. Iedere geestelijke zaak kan nooit benaderd worden op een natuurlijke manier. We behandelen natuurlijke zaken op een natuurlijke manier, en we behandelen geestelijke zaken op een geestelijke manier. Jezus maakte duidelijk dat we geen natuurlijke God dienen, maar een bovennatuurlijke God, een God Die Geest is. Daarom moeten wij in geest aanbidden. Maar merk op dat er ook "in waarheid" staat. Dat is de tweede voorwaarde. De waarheid van God moet in ons hart leven, de bron van al onze gedachten en daden. Dit is de basis van bekering, wat letterlijk "verandering van denken" betekend. We moeten onze harten terug in lijn brengen met het Woord van God. Dat betekent dat wanneer God iets als zonde beschouwd, dat wij het ook als zonde beschouwen. En wanneer God iets als rechtvaardig beschouwd, dat wij het ook als rechtvaardig beschouwen.

Dit volk nadert tot Mij met hun mond en eert Mij met de lippen, maar hun hart houdt zich ver bij Mij vandaan; maar tevergeefs eren zij Mij, omdat zij leringen onderwijzen die geboden van mensen zijn.
Mattheüs 15:8-9

Wat Jezus bedoelde was dat er veel mensen zijn die erg religieus leven, die zelfs jukken op mensen leggen, door hen op te dragen zich aan een stel regels te houden, terwijl het Woord niet in hun harten leeft. Met hun mond vertellen zij mensen wat wel en geen zonde is, terwijl ze in hun hart zonde nog steeds als een optie beschouwen. Soms kunnen mensen in staat zijn om zichzelf in te houden, door niet daadwerkelijk de zonde te begaan, terwijl zij die zonde in gedachten reeds vele malen hebben begaan. Voor Jezus is dat net zo slecht als het daadwerkelijk doen. Want het betekent dat hun harten, waaruit de gedachten afkomstig zijn, in zonde leven en verre van Hem zijn. Deze mensen aanbidden Hem voor tevergeefs. Deze mensen zullen nooit de Zalving ervaren. Meer nog, het zijn deze mensen die gewoonlijk ook opstaan tegen de Zalving. Dus Jezus had een hele goede reden om er "in waarheid" aan toe te voegen, want alles wat niet in de waarheid is, werkt altijd tegen het Koninkrijk. Om zonde in onze harten wel of niet toe te staan is een keuze. Sommige mensen verlangen stiekem naar zonde en verlangen terug naar hun oude levens, terwijl anderen ernaar verlangen om meer heilig en vrij te worden daarvan. Het begint allemaal bij het veranderen van onze gedachten, ten opzichte van zonde, wat ook bedoelt wordt met 'bekering'. Het moet in onze harten beginnen.

Wij moeten de Vader aanbidden in geest en in Waarheid. Ik schrijf dit met een hoofdletter omdat de Waarheid niet alleen het Woord van God is, we weten ook dat onze Heer Jezus Christus de Waarheid is. Dus we kunnen ook zeggen dat we moeten aanbidden in geest en in Jezus. Voor sommigen van u zal dit een hele nieuwe betekenis geven aan "Niemand komt tot de Vader dan door Mij", zoals Jezus zei in Johannes 14:6. Wanneer we leven in de Waarheid, wanneer de Waarheid in onze harten is en wanneer we de Waarheid erkennen, dan zijn we in de Waarheid, dan zijn we in Jezus en blijven wij in Zijn Woord. We kunnen dan misschien wel vallen, maar we staan weer op. We kunnen dan wel vallen, maar we zullen nooit onze zondes rechtvaardigen. Maar hoe aanbidden we dan in geest en in Waarheid?

Wanneer u zich gerealiseerd heeft dat u Jezus nodig hebt en wanneer u Hem als uw Messias en Heer geaccepteerd heeft, dan verwijderd God uw oude geest, welke nooit in staat was om met God in verbinding te staan, en Hij geeft u een compleet nieuwe geest ervoor terug (Ezechiël 36:26). Dat deel van ons kan nooit hersteld worden, omdat het bederf al is ingezet. Maar het kan wel vervangen worden door een compleet nieuwe geest, wat ook gebeurd wanneer we Jezus Christus erkennen als de Messias, als onze Heer en als de Zoon van de Levende God. De nieuwe geest die u ontvangen heeft is volledig in staat om met God in verbinding te staan, want deze is onberispelijk. Maar er is een goddelijke route die we moeten gaan. Hoewel Gods aanwezigheid de aardse Tempel verliet, en hoewel wij nu de Tempel zijn waar Hij in woont, is er nog steeds een hemelse Tempel (Openbaring 11:19). Dit is de route van aanbidding in geest en in Waarheid, maar het is ook de route van een levensstijl van aanbidding in geest en in Waarheid. Wanneer we Gods principes volgen, welke we op deze route tegenkomen, dan brengen we eer aan Zijn naam. Het is de enige weg naar de geestelijke Zalving.

Belijden van zondes

Bij het binnengaan van de Tempel is het eerste wat we tegenkomen het koperen altaar. Dit is de plaats waar we geconfronteerd worden met onze zondes, welke eens een enorme blokkade voor ons waren om Gods aanwezigheid binnen te gaan of om zelfs maar dichtbij te komen. Maar Hij rekende voor eens en voor altijd met dat probleem af.

Want zo lief heeft God de wereld gehad, dat Hij Zijn eniggeboren Zoon gegeven heeft, opdat ieder die in Hem gelooft, niet verloren gaat, maar eeuwig leven heeft.
Johannes 3:16

Zonde hoeft niet langer een hindernis te zijn om Zijn aanwezigheid binnen te kunnen gaan, maar er moet wel mee afgerekend worden. Het grootste probleem wat God met Zijn volk had was het feit dat zij zonde niet als zonde beschouwden, terwijl zij hun zondige gedrag rechtvaardigden. U kent het soort mensen wel waar ik het over heb. Zij zijn degenen die altijd weer een excuus vinden om met hun levensstijl door te gaan en die daar niets aan willen veranderen, want dat zou ze iets kosten. Er is een groep mensen die zichzelf Christen noemt, maar die God volgen op hun eigen voorwaarden, niet op die van Hem. Dat is niets nieuws, want deze groep mensen was er in ieder tijdperk. Maar God heeft een serieus probleem met deze mensen. Zonde negeren of deze rechtvaardigen zal er altijd voor zorgen dat de aanwezigheid van God en de Zalving weggaan.

Ik ga en keer terug naar Mijn woonplaats, totdat zij zich schuldig weten en Mijn aangezicht zoeken. In hun benauwdheid zullen zij Mij ernstig zoeken.
Hosea 5:15

Dit vers zegt letterlijk "totdat ze schuld belijden" of "totdat zij hun zonde erkennen". Dus wat is uw belijdenis? We moeten nooit vergeten dat Jezus Christus niet alleen onze Redder is, maar Hij is ook onze Rechter. Dus wat is uw belijdenis ten opzichte van Rechter Jezus? Schuldig? Of onschuldig?

Als wij zeggen dat wij geen zonde hebben, misleiden wij onszelf en is de waarheid niet in ons. Als wij onze zonden belijden: Hij is getrouw en rechtvaardig om ons de zonden te vergeven en ons te reinigen van alle ongerechtigheid. Als wij zeggen dat wij niet gezondigd hebben, maken wij Hem tot leugenaar en is Zijn woord niet in ons.
1 Johannes 1:8-10

Ik ga zelfs nog een stap verder. Als wij zeggen dat wij geen zonde hebben, dan is Jezus niet in ons. Hij is de Waarheid. In dat geval lopen we serieus gevaar voor het eeuwige oordeel. Want als wij weigeren om onze zonde te erkennen, dan staat dat gelijk aan zeggen dat Jezus een leugenaar is. Maar wanneer wij schuld belijden voor onze Redder en Rechter, dan zijn we in lijn met Zijn Woord. Zoals we kunnen zien in Hosea is het niet Gods doel om te veroordelen. De reden waarom Zijn aanwezigheid en Zalving weggaan is om ervoor te zorgen dat wij opmerken dat er iets fout zit. Het heeft tot doel dat wij Zijn aangezicht gaan zoeken, om erachter te komen wat er mis is, om er mee af te rekenen en om Zijn aanwezigheid en Zalving terug te ontvangen. Zonder Zijn aanwezigheid en Zalving heeft u alleen maar een waardeloze religie over.

Vergeving en reiniging
Het tweede voorwerp dat we tegenkomen in de Tempel is het koperen wasvat. Dit was de plaats waar de priesters zichzelf moesten reinigen. In de geestelijke wereld is dit de plaats waar ook wij gereinigd worden. Wanneer we afgerekend hebben met onze zondes, op de manier zoals God dat wil, door onze schuld en zondes te belijden, dan is dit de plaats waar onze zondes vergeven zijn en waar we gereinigd worden van alle

ongerechtigheden, alsof ze nooit gebeurd zijn.

Maar als wij in het licht wandelen, zoals Hij in het licht is, hebben wij gemeenschap met elkaar, en het bloed van Jezus Christus, Zijn Zoon, reinigt ons van alle zonde.
1 Johannes 1:7

Hij is het Die kwam door water en bloed: Jezus, de Christus; niet door het water alleen, maar door het water en het bloed. En de Geest is het Die getuigt, omdat de Geest de waarheid is.
1 Johannes 5:6

Laten wij tot Hem naderen met een waarachtig hart, in volle zekerheid van het geloof, nu ons hart gereinigd is van een slecht geweten en ons lichaam gewassen is met rein water.
Hebreeën 10:22

Wanneer u grondig met u zondes afrekent, dan zal Jezus u ook grondig reinigen. Wanneer u met uw hele hart schuld (zonde) belijd, dan wordt uw hele hart gereinigd. En God zal u nooit meer aan die zonde herinneren.

Dankzegging en acclamatie
Vanwege het offer van Jezus Christus en omdat Hij ons grondig heeft gereinigd, kunnen we nu in Zijn aanwezigheid en Zalving binnengaan. De Tempel is de Gezalfde plaats, zoals u zich wellicht herinnert vanuit de vorige hoofdstukken. Ieder voorwerp dat daar staat is Gezalfd, inclusief de deuren, deurposten enz. Dus wanneer we het koperen altaar en het koperen wasvat zijn gepasseerd, dan zijn we bij de ingang van Gods geestelijke Tempel. De manier om hier binnen te gaan is door dankzegging en acclamatie.

Ga Zijn poorten binnen met een lofoffer, Zijn voorhoven met een lofzang; loof Hem, prijs Zijn Naam.
Psalm 100:4

Het Hebreeuwse woord zegt letterlijk dat we Zijn poorten binnengaan

112

met acclamatie. Dat is een uitdrukking van een dankbaar hart, voor de redding en de vergeving van zonde, en het is de erkenning en de goedkeuring van Zijn Koningschap over ons.

In de tenten van de rechtvaardigen klinkt luide vreugdezang, een lied van verlossing: De rechterhand van de HEERE doet krachtige daden, de rechterhand van de HEERE is hoogverheven, de rechterhand van de HEERE doet krachtige daden. Ik zal niet sterven maar leven, en ik zal de werken van de HEERE vertellen. De HEERE heeft mij wel zwaar gestraft, maar aan de dood heeft Hij mij niet overgegeven. Doe de poorten van de gerechtigheid voor mij open, daardoor zal ik binnengaan, ik zal de HEERE loven. Dit is de poort van de HEERE, daar zullen de rechtvaardigen door binnengaan. Ik zal U loven, omdat U mij verhoord hebt en mij tot heil geweest bent.
Psalm 118:15-21

Prijs Zijn naam

Wanneer we Zijn geestelijke Tempel zijn binnengegaan, door dankzegging en acclamatie, dan lopen we door de gerechtshoven van de Hemel. Dit is het Heilige. David zegt dat we door Zijn gerechtshoven lopen met lofprijs. Dat is iets vreugdevols, geen begrafenisdienst. De manier waarop Gods volk hun lofprijs aan de Koning der koningen tot uiting brengen is door luid gejuich, in de handen klappen, dansen en door het opheffen van onze handen. Deze authentieke houdingen en uitdrukkingen van lofprijs kunnen allemaal teruggevonden worden in de Bijbel, als een normaal onderdeel van de lofprijs van Gods volk.

De HEERE, zijn God, is met hem, en de jubelklank (letterlijk: het gejuich) *van de Koning is bij hem.*
Numeri 23:21

Alle volken, klap in de handen; juich voor God met luide vreugdezang. Want de HEERE, de Allerhoogste, is ontzagwekkend, een groot Koning over de hele aarde.
Psalm 47:1-2

Koning David werd de boodschap gebracht: De HEERE heeft het gezin van

Obed-Edom en al wat hij heeft, gezegend vanwege de ark van God. Toen ging David op weg en bracht de ark van God met blijdschap vanuit het huis van Obed-Edom over naar de stad van David. En het gebeurde, nadat de dragers van de ark van de HEERE zes stappen gedaan hadden, dat hij een rund en een gemest kalf offerde. David huppelde (of danste) uit alle macht voor het aangezicht van de HEERE; en David was gekleed in een linnen priesterhemd.
2 Samuël 6:12-14

Uw goedertierenheid is immers beter dan het leven; daarom zullen mijn lippen U prijzen. Zo zal ik U loven in mijn leven, in Uw Naam zal ik mijn handen opheffen.
Psalm 63:4-5

We zijn zoveel van deze uitdrukkingen verloren, met name vanwege de vrees voor mensen en hun meningen. Probeer de vreugde in u niet te beteugelen, maar geef God de lofprijs en eer die Hem toekomt.

Zegen Zijn naam in aanbidding

Aan het einde van het Heilige, net voordat u het voorhangsel voorbij gaat, staat het reukofferaltaar. Dit is de plaats waar al ons gejuich en de lofprijs vervaagt naar aanbidding. Het reukoffer staat voor gebed, voorbede en aanbidding. Het meest mooie voorbeeld van hoe dat in de Hemel gaat, kan gevonden worden in Openbaring.

En toen Het de boekrol genomen had, wierpen de vier dieren en de vierentwintig ouderlingen zich vóór het Lam neer. Zij hadden elk een citer en gouden schalen vol reukwerk. Dit zijn de gebeden van de heiligen.
Openbaring 5:8

De offers die op het reukofferaltaar worden gebracht zijn de offers voor God die door het vuur gaan. De gebeden en voorbeden gaan tegelijk op met aanbidding, zoals we kunnen zien in dit vers. Direct nadat het reukoffer van onze gebeden aan Jezus is geofferd, gaat de hele Hemel over in aanbidding. Het boek Openbaring vertelt dat zij allen een nieuw lied voor Jezus beginnen te zingen.

U bent het waard om de boekrol te nemen en zijn zegels te openen, want
U bent geslacht en hebt ons voor God gekocht met Uw bloed, uit elke stam,
taal, volk en natie. En U hebt ons voor onze God gemaakt tot koningen en
priesters, en wij zullen als koningen regeren over de aarde.

Het Lam Dat geslacht is, is het waard om de kracht te ontvangen, en
rijkdom, wijsheid, sterkte, eer, heerlijkheid en dankzegging (letterlijk: de
glorie en de zegen).

Aan Hem Die op de troon zit, en aan het Lam zij de dankzegging (letterlijk:
de zegen), *de eer, de heerlijkheid* (letterlijk: de glorie) *en de kracht in alle*
eeuwigheid (letterlijk: in alle eons).
Openbaring 5:9,10,12,13

Wanneer we onze aanbidding in geest en in Waarheid aan de Heer
offeren, dan zal de geestelijke Zalving gaan stromen. Dit is het moment
waar we voor de genadetroon van Christus verschijnen. Die genadetroon
bevind zich bovenop de Ark van het Verbond of de Ark van Getuigenis.
We gaan het Heilige der Heiligen binnen door het voorhangsel, dat is
het vlees van Jezus, en we komen voor de genadetroon door aanbidding.
Dat is wanneer onze geest voor onze Redder, Meester en Koning, onze
Messias Jezus, komt te staan. De Gezalfde. Yeshua HaMashiach. Dat is
het moment waar we Hem alle zegen en eer geven.

Veel kerken begrijpen hoe ze hier moeten komen. Veel aanbiddingsleiders
en teams begrijpen hoe ze hier moeten komen. Maar de meerderheid
begrijpt niet wat ze daar moeten doen. Ik ben in zoveel kerken geweest
waar de gemeente in echte aanbidding in geest en Waarheid werd geleid.
Maar net als de Zalving gaat stromen, dan stoppen ze altijd. Tijd voor de
preek. En weer een gemiste kans. Als ze door waren gegaan, dan hadden
ze zoveel Zalving gehad. Derek Prince sloeg ooit de spijker op z'n kop
toen hij zei: "Het is als een vliegtuig nemen naar een bestemming, om
na aankomst direct weer terug te vliegen." Waarom gingen we daar dan
naartoe? Waarom al die moeite? Ik weet niet hoe u erin staat, maar ik
heb geen behoefte aan religieuze oefeningen. Ik heb de Zalving nodig. Ik
heb de Gezalfde nodig. Hij is onze bestemming wanneer we aanbidden.
Dus waarom besteden we niet wat meer tijd op die plaats, wanneer

we daar zijn aangekomen? Let niet op de mensen die tijdens de dienst naar hun horloges staren. De dienst is bedoeld voor Jezus Christus, niet voor de gemeente. Wanneer u de zegen en de geestelijke Zalving wilt ontvangen, dan loont het om tijd door te brengen in aanbidding en verering. Aanbidding met onze volle aandacht en focus op Jezus.

De aanbidding is het meest belangrijke onderdeel in Gods Tempel. De priesters moesten eerst het reukoffer brengen, voordat zij de lampen vulde met nieuwe olie. Geen ander offer dan aanbidding wordt geaccepteerd. Hij wil ons helemaal. Als onze tijd, al onze focus en al onze aandacht. Dat is waarvoor Hij betaald heeft op Golgotha. Hij heeft volledig voor u betaald, niet voor slechts een gedeelte. En wanneer Hij alle zegen en eer en glorie en kracht heeft ontvangen, welke Hem toekomst, dan kunnen we onze lampen met Zijn olie vullen. En er is ruim voldoende olie beschikbaar.

Zalving is als een rivier. Het moet stromen. Wanneer wij stoppen met het te delen, dan zal de Zalving ook stoppen. Zolang wij blijven delen, zal het blijven stromen. Wij kunnen naar die plaats gaan door aanbidding, of die aanbidding nu door liederen zingen of door aanbidding in ons hart is. Niemand kan de Gezalfde aanraken en onveranderd weggaan, zoals niemand olie kan aanraken, zonder sporen op hun handen te hebben. In Zijn aanwezigheid verandert alles. Eén minuut onder de Zalving doet vele malen meer dan jaren van eigen inspanningen.

Omdat wij nu, broeders, vrijmoedigheid hebben om in te gaan in het heiligdom door het bloed van Jezus, langs een nieuwe en levende weg, die Hij voor ons heeft ingewijd door het voorhangsel, dat is door Zijn vlees, en omdat wij een grote Priester hebben over het huis van God, laten wij tot Hem naderen met een waarachtig hart, in volle zekerheid van het geloof, nu ons hart gereinigd is van een slecht geweten en ons lichaam gewassen is met rein water.
Hebreeën 10:19-22

Nu wij dan een grote Hogepriester hebben, Die de hemelen is doorgegaan, namelijk Jezus, de Zoon van God, laten wij aan deze belijdenis vasthouden. Want wij hebben geen Hogepriester Die geen medelijden kan hebben met onze zwakheden, maar Een Die in alles op dezelfde wijze als wij is verzocht, maar zonder zonde. Laten wij dan met vrijmoedigheid naderen tot de troon van de genade, opdat wij barmhartigheid verkrijgen en genade vinden om geholpen te worden op het juiste tijdstip.

Hebreeën 4:14-16

HOOFDSTUK 12

DE BETEKENIS VAN ZALFOLIE GEUREN

Het Woord van God is niet slechts een willekeurige collectie van woorden, ook al is de volgorde van sommige Bijbelboeken door de jaren heen gewijzigd en ook al zijn er bepaalde gedeeltes weggelaten. Wanneer God spreekt, dan weegt Hij ieder Woord dat Hij zegt zorgvuldig af. Hij zegt nooit een Woord teveel of te weinig. Ieder Woord heeft een betekenis en een boodschap voor ons, in deze tijd, ook al lijkt het soms willekeurig te zijn. Het feit dat 201 hoofdstukken en 345 verzen in het Woord van God over de olie spreken, en het feit dat de term "Gezalfde", wat de vertaling van Messias is, 596 keer voorkomt, verteld ons dat er bijna 1000 verzen zijn waardoor God ons iets wil leren over de Zalving en de Zalfolie. Waarom zou Jezus anders de Messias worden genoemd? Als Zijn naam "Zoon van God" betekend zou hebben, dan zou dat ook al geweldig zijn geweest. Maar Zijn naam is de Gezalfde. Niet omdat dat zo lekker in het gehoor ligt, maar omdat het iets betekent.

De meeste Zalfoliën in de Bijbel waren geur oliën. Maar alle Zalfoliën die voor de dienst van de Heer werden gebruikt waren geur oliën. Zoals we hebben gezien is de Zalving in het natuurlijke een profetische daad van bekrachtiging met de Heilige Geest, van de glorie van God en van heiligheid. Maar we hebben het nog niet gehad over de geuren van de olie. Iedere geur van de Zalfoliën heeft ook een specifieke profetische betekenis.

Uw zalfoliën zijn heerlijk van geur, Uw Naam is een uitgegoten zalfolie.
Daarom hebben de meisjes U lief.
Hooglied 1:3

En God zij dank, Die ons in Christus altijd doet triomferen en door ons de
geur van Zijn kennis op iedere plaats openbaar maakt. Want wij zijn voor
God een aangename geur van Christus, onder hen die zalig worden en

onder hen die verloren gaan; voor de laatsten een doodsgeur, die leidt tot de dood, maar voor de eersten een levensgeur, die leidt tot het leven. Maar wie is tot deze dingen bekwaam?
2 Korinthe 2:14-16

We weten dat Jezus, waar het gedeelte uit Hooglied naar verwijst, in de geestelijke wereld is. We weten dat Zijn geur, waar beide Bijbelgedeeltes naar verwijzen, in de geestelijke wereld geroken kan worden. Voor ons betekend die geur leven. Voor ieder schepsel dat niet aan Jezus toebehoort is het een doodsgeur. De hele geestelijke wereld is zich zeer bewust van de geur van Christus. Zijn geur en glorie gaan voor Hem uit. Wanneer een geest, die niet van God is, Zijn geur ruikt, dan beeft en vlucht deze. Wanneer wij geuren in de natuurlijke wereld gebruiken, dan is dat een profetische daad van wat in de geestelijke wereld reeds plaats heeft gevonden, maar nog niet zichtbaar is geworden in onze natuurlijke wereld. Door iemand te Zalven met een geurige Zalfolie laten we ons geloof zien in wat Christus al voor ons gedaan heeft. Dit zijn de profetische betekenissen van de geuren die gebruikt worden in de Zalfoliën.

Frankincense & Myrrh – Genezing & Voorbede
In de dagen van de tempel werd het zoete reukwerk van wierook op het binnenste altaar van de Tabernakel geplaatst en werd daar iedere ochtend en avond gebrand. Het spreekt van voorbede. Mirre werd gebruikt voor het zalven van een overledene en in zuiveringsrituelen. Het spreekt van lijden en dood, maar ook van onze totale bevrijding in het verzoenende werk van de Messias. Wierook en mirre waren twee van de drie profetische gaven die aan de Messias werden gegeven bij Zijn geboorte. De geuren vertegenwoordigen Zijn rol als Priester en Profeet en benadrukken alles wat de Messias voor ons gedaan heeft en blijft doen namens ons.

Maar om onze overtredingen werd hij doorboord, om onze ongerechtigheden verbrijzeld; de straf die ons de vrede aanbrengt, was op hem, en door zijn striemen is ons genezing geworden.
Jesaja 53:5

Daarom kan Hij ook volkomen behouden, wie door Hem tot God gaan,
daar Hij altijd leeft om voor hen te pleiten.
Hebreeën 7:25

Dit is waarschijnlijk één van de meest effectieve geuren die gebruikt kan worden bij het gebed voor bevrijding. Zoals eerder aangegeven loopt de geestelijke wereld parallel aan de natuurlijke wereld. Dat betekend dat wat wij zien in de natuurlijke wereld, een resultaat is van wat reeds in de geestelijke wereld heeft plaatsgevonden. In de geestelijke en in de natuurlijke wereld haten slangen deze geur. Alleen al door het ruiken van deze geur komen er vaak al manifestaties. In Israël werd deze geur vaak gebruikt om slangen onder de huizen weg te houden.

Cassia – Toewijding & Godsvrucht

Cassia was één van de belangrijkste kruiden van de Heilige Zalfolie die gebruikt werd om priesters, koningen en hun klederen te zalven. Zo zullen ook de gewaden van de komende Koning en Messias naar Cassia ruiken. Cassia wordt vandaag de dag niet veel meer gebruikt, maar werd in Bijbelse tijden zeer gewaardeerd. Het wortel woord 'kiddah' betekend zowel in het Hebreeuws als in het Arabisch 'een strook' en verwijst naar de stroken bast waaruit de specerij wordt gemaakt. In geestelijke zin spreekt Cassia (of kassie) van toewijding (apart gezet) en Godsvrucht (ontdaan van trots), met het hart van een dienaar. De diepe exotische geur, en de rijke kleur van de Cassia olie, maken het een welkome aanvulling op de familie van Bijbelse geurige zalfoliën.

mirre, aloë en cassia zijn al uw klederen
Psalm 45:9

Cedars of Lebanon – Kracht & Bescherming

De ceder van Libanon is, conform de standaard in het Midden Oosten, een enorme groenblijvende boom. De boom kan een hoogte van zo'n 27 meter bereiken en is daarmee de "koning" van alle Bijbelse bomen. Het hout is verbazingwekkend verval-bestendig en het wordt nooit door insectenlarven gegeten. Het is een prachtige majestueuze en rood getinte boom met diepe groene bladeren. De boomschors is donkergrijs en brengt een gomachtige hars voort, waaruit de zeer aromatische oliën worden geproduceerd. De ceder van Libanon is de sterke en geurige houtsoort die gebruikt werd om het huis van David, het huis van Salomo en een groot deel van de eerste tempel mee te bouwen. Het werd ook gebruikt, in combinatie met Hyssop, om het huis van een melaatse te reinigen. Het spreekt van kracht, duurzaamheid, heelheid en herstel.

De rechtvaardige zal groeien als een palmboom, opschieten als een ceder van de Libanon
Psalm 92:13

Hyssop (Heilig Vuur) – Reiniging & Bekrachtiging

Hyssop is een laag groeiend en groenblijvend borstelig kruid, dat tussen de 30 en 60 cm hoog kan groeien. Het wordt gekweekt voor de bloemtoppen, waarvan de geur wordt gewonnen. Het kruid groeit in droge klimaten van rotsachtige grond en uit de scheuren in oude muren, zoals in het gebied van de oude tempel in Jeruzalem. Hyssop was ooit een zogenaamd "Heilig Kruid", omdat het werd gebruikt voor besprenkeling in de rituele praktijken van de Hebreeën. In Exodus 12:22 staat: "Daarna zult gij een bundel hysop nemen en in het bloed in een schaal dopen, en van het bloed in die schaal strijken aan de bovendorpel en aan de beide deurposten..." Door de verwijzing in Numeri 19:6 ("En de priester zal cederhout, hysop en scharlaken nemen en dat midden op de brandende koe werpen."), heeft deze geur de bijnaam "Holy Fire" (Heilige Vuur) gekregen. Hyssop spreekt van geestelijke reiniging door het heiligend vuur van de Heilige Geest en kan het beste worden omschreven als een "frisse, schoon ruikende" aroma.

Ontzondig mij met hysop, dan ben ik rein, was mij, dan ben ik witter dan sneeuw
Psalm 51:9

King's Garments – Glorie van de Koning

De indrukwekkende geestelijke betekenis van deze geur staat voor leiderschap, autoriteit en gezag. Het gebruik van de olie is een profetische handeling van erkenning en bevestiging van autoriteit. Tegelijk is het een beeld van het soort dienend leiderschap dat Jezus, de Geliefde van de Hemel, heeft voorgeleefd hier op aarde.

Uw troon, o God, staat voor altoos en eeuwig, Uw koninklijke scepter is een rechtmatige scepter. Gij hebt gerechtigheid lief en haat goddeloosheid; daarom heeft, o God, uw God u gezalfd met vreugdeolie boven uw metgezellen; mirre, aloë en kassia zijn al uw klederen.
Psalm 45:7-9

In deze Psalm portretteert de Bijbel een koning wiens kledingstukken zo grondig zijn geparfumeerd met dure parfums, dat ze er geheel door geweven lijken te zijn. Twee van de drie genoemde geuren, Mirre en Kassia, waren geuren die ook terug te vinden waren in de ingrediënten van de heilige zalfolie die werd gebruikt om priesters en koningen te zalven. De resterende geur, Aloë, wordt vermeld onder de belangrijkste soorten in de tuin van de geliefde in Hooglied 4:14.

King's Garments is een speciale aromatische samenstelling van drie Bijbelse geuren, bestaande uit Mirre, Kassie en Aloë.

Mirre: Een gomhars die voortkomt uit een kleine dichtbegroeide boom, welke kan worden gevonden in Arabië. Het stroomt uit de boom als melkwitte vloeistof, maar verandert snel in een diep paars-bruine kleur wanneer het begint te kristalliseren.

Aloë's: Het product van een boom van het geslacht Aquilaria, welke gevonden kan worden in Noord-India. In een bepaald stadium van verval ontwikkeld het hout een van oudsher welbekende geur, waaruit deze zeldzame geur worden verkregen.

Kassie (of Cassia): Een groenblijvende boom - uit de 'kaneel familie' - met een aromatische schors, die wordt geoogst in stroken van de schors, om daaruit een aromatisch poeder of olie te maken.

Myrrh – Genade & Vrede
Mirre is een exotische Bijbelse specerij welke werd gebruikt in de zuiverings- en schoonheidsrituelen, in de Heilige Zalfolie en tijdens begrafenissen. Koningin Esther moest zich zes maanden lang baden in Mirre Olie en daarna nog eens zes maanden in Aloë en parfums, alvorens haar presentatie aan de koning. Bitter van smaak, maar zoet

van geur, spreekt mirre in geestelijke zin van sterven aan onszelf om een "welriekende geur" voor de Heer te worden.

Mijn geliefde is mij een bundeltje mirre...
Hooglied 1:13

Pomegranate – Zegen & Gunst

De geur Pomegranate staat symbool voor voorziening, vruchtbaarheid en de gunstbewijzen van God aan ons. Het spreekt van het in bezit nemen van het toegewezen en beloofde erfdeel. Tevens spreekt het ook van Gods trouw aan Zijn kinderen.

De granaatappel, een origine van Perzische komaf, is een van de oudste vruchten die bekend is en is zeer gewaardeerd door de Israelieten. Er is een groot aantal bloemzaadjes nodig om een kleine hoeveelheid olie hieruit te krijgen. Om dit voor elkaar te krijgen worden de blaadjes ingedrukt/ geperst. Wanneer dit gebeurt, ontstaat er een lichte amberkleurige olie met een prettige en licht fruitige geur.

De Joodse traditie leert dat de granaatappel een symbool is voor gerechtigheid. De 613 zaden die de granaatappel bevat, komen overeen met de 613 geboden van de Thora. De granaatappel is een van de zeven soorten vruchten die de spionnen terugbrachten nadat ze het beloofde land hadden verkend. Het spreekt van Gods gunst tentoongesteld in overvloed en vruchtbaarheid.

Toen zij in het dal Eskol gekomen waren, sneden zij daar een rank met één tros druiven af, die zij met hun tweeën aan een draagstok droegen; ook enige granaatappelen en vijgen.
Numeri 13:23

Rose of Sharon – Schoonheid van de Geliefde

De geur Rose of Sharon kan het beste omschreven worden als een "thee-roos", een niet te zoete, lichte bloemengeur die niet overweldigd. Deze bloem, uit de regio Sharon in Israël, is eigenlijk geen roos maar een deel van de hibiscus familie.

De bloemen zijn desondanks toch mooi en glorieus, net zoals Jesaja de bruid van de Messias omschrijft, wanneer ze in het duizendjarige vrederijk zal stralen vanwege haar hemelse glorie, schoonheid, zachtheid en eerbaarheid.

Ik ben een roos van Saron, een lelie der dalen.
Hooglied 2:1

Spikenard – Aanbidding & Lofprijs

Nardus is een zeldzame en kostbare geurige olie, welke door Maria werd gebruikt om het hoofd en de voeten van de Messias mee te zalven, twee dagen voor zijn dood, zoals opgetekend staat in Johannes 12:3. "Maria dan nam een pond echte, kostbare nardusmirre, en zij zalfde de voeten van Jezus en droogde zijn voeten af met haar haren; en de geur der mirre verspreidde zich door het gehele huis." Het spreekt van de extravagante aanbidding van de bruid en van haar intimiteit met de Bruidegom, in totale overgave en zonder te letten op de kosten. Het symboliseert de bruid die zichzelf gereed gemaakt heeft.

Zolang de koning aan zijn tafel is, geeft mijn nardus zijn geur.
Hooglied 1:12

Cinnamon – Passie & Moed

Cinnamon, oftewel zoete kaneel, is één van de vier aromatische ingrediënten van de Heilige Zalfolie uit Exodus 30:23. De geur van kaneel heeft een rijke volle aromatische energie, wanneer deze de ruimte doordringt. De toevoeging van kaneel aan de Heilige Zalfolie was het creëren van de juiste kruidige geur, welke passie brengt en het vuur om door te zetten doet oplaaien. Het vertegenwoordigt heilige vrijmoedigheid, moed en passie in de gelovige.

HOOFDSTUK 13

JEZUS CHRISTUS: DE GEZALFDE

In onze zoektocht door de Bijbel, om antwoorden te vinden over de Zalfolie en de Zalving, is er Eén Persoon die we altijd tegenkomen: De Gezalfde. Zijn Hebreeuwse naam is Yeshua HaMashiach, maar in onze westerse wereld kennen we Hem als Jezus Christus.

Vanzelfsprekend werd Jezus geen Jezus genoemd toen Hij werd geboren, want Hij werd niet in onze westerse samenleving geboren. Noch dat Hij Yesous (iEsou) werd genoemd, de Griekse versie van Jezus. Hij is een Jood. Dus Hij ontving een Joods Hebreeuwse naam, en dat was Yeshua. De naam Yeshua is een afkorting voor de naam Yehoshua. Het voorvoegsel "Yeho" is een afkorting van het vierletterwoord "Yod-He-Vav-He" of "YHVH", de naam van God. Het tweede deel van de naam Yehoshua is een vorm van het Hebreeuwse werkwoord "yasha", wat "bevrijden" en "redden" betekend. Samengevoegd kan de naam Yehoshua vertaald worden als "De God Die redt en bevrijdt".

De namen MaShiach, Messiah, Messias, Christ, Christus of Christou hebben allemaal precies dezelfde betekenis: De Gezalfde. Zoals ik eerder al aangaf werd deze titel niet exclusief voor Jezus gebruikt. In het Oude Testament werden de profeten ook "messiassen" genoemd, omdat zij ook waren Gezalfd. Maar er is er maar Eén Die Zichzelf DE MESSIAS kan noemen, in plaats van een messias. Dat is Jezus.

Jezus Christus: De Gezalfde God Die redt en bevrijdt.

Zijn naam laat alles zien over de intentie van God ten opzichte van ons, als de mensheid. Hij heeft geen enkel verlangen om de mens naar de vernietiging te zien gaan, noch dat Hij iemand wil veroordelen. Het is Zijn verlangen dat ieder mens wordt gered, genezen, bevrijd en herstelt. Dat was precies wat Jezus zei en leefde, toen Hij op aarde liep. Toen Hij in de synagoge van Nazareth was openbaarde Hij deze identiteit aan de aanwezigen.

De Geest van de Heere is op Mij, omdat Hij Mij gezalfd heeft; Hij heeft Mij gezonden om aan armen het Evangelie te verkondigen, om te genezen die gebroken van hart zijn, om aan gevangenen vrijlating te prediken en aan blinden het gezichtsvermogen, om verslagenen weg te zenden in vrijheid, om het jaar van het welbehagen van de Heere te prediken. En toen Hij het boek dichtgedaan en aan de dienaar teruggegeven had, ging Hij zitten, en de ogen van allen in de synagoge waren op Hem gevestigd. Hij begon tegen hen te zeggen: Heden is deze Schrift in uw oren in vervulling gegaan.
Lukas 4:18-21

Het gedeelte dat Jezus las kwam uit het boek Jesaja, dat naar Hem verwees. Dat gedeelte zegt eigenlijk nog iets meer dan in het boek Lukas opgetekend staat. Dit is wat het zegt.

De Geest van de Heere HEERE is op Mij, omdat de HEERE Mij gezalfd heeft om een blijde boodschap te brengen aan de zachtmoedigen. Hij heeft Mij gezonden om te verbinden de gebrokenen van hart, om voor de gevangenen vrijlating uit te roepen en voor wie gebonden zaten, opening van de gevangenis; om uit te roepen het jaar van het welbehagen van de HEERE en de dag van de wraak van onze God; om alle treurenden te troosten; om aangaande de treurenden van Sion te beschikken dat hun gegeven zal worden sieraad in plaats van as, vreugdeolie in plaats van rouw, een lofgewaad in plaats van een benauwde geest, opdat zij genoemd worden eiken van de gerechtigheid, een planting door de HEERE, om Hem te verheerlijken.
Jesaja 61:1-3

Hoe we er ook naar kijken, het was een verbazende en geweldige gebeurtenis. De almachtige, krachtige en alomtegenwoordige God Die Zichzelf vernederd naar het niveau van de mensheid, om ons te redden. Wat een liefde heeft Hij voor ons! Verwond om onze overtredingen. Om onze ongerechtigheden verbrijzeld. De straf voor onze vrede was op Hem, en door Zijn striemen zijn wij genezen. Hij droeg de straf die wij verdienden. Ieder laatste beetje. Niets werd achterwege gelaten. Op ieder moment had Jezus de keuze om te weigeren, om Zich terug te trekken, wat heel erg goed te begrijpen zou zijn geweest. Maar dat deed Hij niet. Hij gaf Zich gewillig en bewust over voor een ieder van ons. Door dat te doen nam Hij onze zonde weg en herstelde Hij onze rechtvaardigheid met Zijn rechtvaardigheid.

Uw troon, o God, bestaat in alle eeuwigheid. De scepter van Uw koninkrijk is een scepter van het recht. U hebt gerechtigheid lief en haat ongerechtigheid. Daarom heeft Uw God U gezalfd, o God, met vreugdeolie, boven Uw metgezellen.
Hebreeën 1:8-9 / Psalm 45:6-7

Hier zien we een duidelijke connectie tussen de Zalving en rechtvaardigheid, wat ook laat zien dat ongerechtigheid zal leiden tot het verdwijnen van de Zalving. Ongerechtigheid kan feitelijk omschreven worden als alles wat niet in lijn is met de Woorden van Jezus Christus. Een andere manier om het te omschrijven is het doen wat wij willen, zonder de wil van God te overwegen. Dat kan wellicht geen bewuste keuze zijn, maar het komt vanuit het menselijke verlangen om onafhankelijk van God te zijn, wat voortkomt uit trots. En zoals we in de vorige hoofdstukken hebben kunnen zien is trots de sterkste Zalving doder, want het gaat direct in tegen de wil en het karakter van Jezus Christus. Hij is het voorbeeld van nederigheid. Hij kwam om ons te dienen, niet om over ons te heersen. Tegenwoordig regeert Hij over ons, maar om daar te geraken moest Hij eerst dienen. Aangezien Zijn leven een voorbeeld is voor ons leven, betekend dit dat wij geen andere weg hebben dan die Hij gehad heeft. Wij zijn geroepen om te regeren in de eons van de eons (de eeuwigheden van de eeuwigheden), samen met onze Meester en de Koning der koningen, Jezus Christus. Maar de enige weg om daar te komen is door eerst te dienen. Waarom verdwijnt de Zalving wanneer we niet in lijn zijn met de Woorden van Jezus? Niet om ons te straffen, maar om ons ervan bewust te maken dat er iets erg fout zit. Het heeft tot doel om ons terug te laten keren naar afhankelijkheid en om onze levens, huizen en kerken terug in lijn te brengen met de Woorden van Jezus Christus. Dan zal de Zalving terugkeren.

Het boek Hebreeën, welke citeerde uit Psalm 45, omschrijft de Zalving als de "vreugdeolie". Maar wat is dat precies? Een blij gevoel? Het is veel meer dan dat. Het maakt ons blij, maar niet alleen dat. Het boek Handelingen geeft een duidelijk antwoord op wat de Zalving met vreugdeolie precies is.

Hoe God Jezus van Nazareth gezalfd heeft met de Heilige Geest en met kracht en hoe Hij het land doorgegaan is, terwijl Hij goeddeed en allen die door de duivel overweldigd waren, genas, want God was met Hem.
Handelingen 10:38

Dit vers verwijst naar de verzen uit Lukas 4 en Jesaja 61, welke we eerder hebben gelezen. En het maakt het zeer duidelijk dat de vermelde Zalving verwijst naar de Heilige Geest en de kracht van de Heilige Geest. Dat is niet alleen de Heilige Geest in uw hart. Het is de Heilige Geest in uw hele wezen, alsof u in Hem doordrenkt bent. En daar bovenop is dat de mantel van Zijn kracht. Dus Hij woont in ieder deel van uw zijn en Hij omringt u. Dat is het soort Zalving dat Jezus had en heeft. Dat maakte He, de Zoon van Olie. De Gezalfde. Als Iemand die van de olie drupt. Diezelfde Zalving is voor iedere gelovige beschikbaar, voor iedereen die Jezus Christus als zijn of haar Messias accepteert en erkent, als Heer en als de Zoon van God. Dit is de Zalving waar de profeet Jesaja over sprak, toen hij het volgende zei.

Op die dag zal het gebeuren dat zijn last van uw schouder zal afglijden en zijn juk van uw hals; en dat juk zal te gronde gericht worden omwille van de Gezalfde.
Jesaja 10:27

Deze vertaling zou "de Zalving" moeten zeggen, want dat is wat er staat. Het gaat over de Zalving van de Gezalfde. Het gaat over de Heilige Geest, de Geest van Jezus, de Geest van Vrijheid, Die het juk weg zal nemen van uw schouder en die het juk van uw nek zal vernietigen. Dezelfde Geest die Jezus omringde, die ieder deel van Zijn wezen vulde, is ook voor u beschikbaar.

Immers, zovele beloften van God als er zijn, die zijn in Hem ja en in Hem amen, tot verheerlijking van God door ons. En Hij Die ons met u bevestigt in Christus en ons gezalfd heeft, is God, Die ons ook verzegeld heeft en het onderpand van de Geest in onze harten gegeven heeft.
2 Korinthe 1:20-22

Ja, ik heb gezegd dat de Heilige Geest niet alleen in uw hart woont, maar Hij woont daar natuurlijk ook. Wanneer Hij ieder deel van ons wezen vervult, dan is dat inclusief uw hart. De reden waarom het hart hier specifiek genoemd word is omdat het hart als de oorzaak van onze zondes word omschreven. Dus als er een plaats is waar we Hem het meeste nodig hebben, dan is het daar. De reden waarom Hij ons de Heilige Geest ook in onze harten heeft gegeven is omdat het dient als een garantie. De reden waarom dat hier benadrukt word is omdat het mogelijk is om de werken van Jezus te doen, wat alleen kan met de hulp van de Heilige Geest, terwijl Hij niet in het hart is. Hij kan dus iemand omringen, Hij kan zelfs hun handen gebruiken om wonderen en bevrijdingen te verrichten, terwijl het hart onveranderd blijft. Betekend dit dat er zoiets is als voorbestemming? Op een bepaalde manier wel. Maar die selectie hangt niet af van uw status, van uw familie of van uw kerk. Het hangt niet af van alle goede dingen die u doet. Het heeft alles te maken met de keuzes die u in uw hart maakt. Als u de Heilige Geest in uw hart wilt, dan is Hij voor u beschikbaar.

Niet ieder die tegen Mij zegt: Heere, Heere, zal binnengaan in het Koninkrijk der hemelen, maar wie de wil doet van Mijn Vader, Die in de hemelen is. Velen zullen op die dag tegen Mij zeggen: Heere, Heere, hebben wij niet in Uw Naam geprofeteerd, en in Uw Naam demonen uitgedreven, en in Uw Naam veel krachten gedaan? Dan zal Ik hun openlijk zeggen: Ik heb u nooit gekend; ga weg van Mij, u die de wetteloosheid werkt!
Mattheüs 7:21-23

Maar hoe is het mogelijk om wonderen te verrichten en demonen weg te sturen, wanneer de Heilige Geest niet in het hart is? Dat is vanwege de naam van Jezus. Precies dezelfde reden waarom het mogelijk is wanneer Hij wel in een hart woont. Want ieder wonder, en iedere bevrijding die plaatsvind, is vanwege Jezus, vanwege Zijn naam en Zijn autoriteit. Wij hebben daar niets mee te maken. Het is 100% Jezus Die het doet. Wij zijn het gereedschap in Zijn handen. Niet andersom. Maar hoe kunnen we er zeker van zijn dat we die garantie van de Heilige Geest wel in onze harten hebben? Die vraag wordt in de volgende verzen door Jezus beantwoord.

Daarom, ieder die deze woorden van Mij hoort en ze doet, die zal Ik

vergelijken met een verstandig man, die zijn huis op de rots gebouwd heeft; en de slagregen viel neer en de waterstromen kwamen en de winden waaiden en stortten zich op dat huis, maar het stortte niet in, want het was op de rots gefundeerd.
Mattheüs 7:24-25

Als ik zou moeten samenvatten wat het betekend om de dingen te doen die Hij zei, dan zou het dit zijn: "Heb God lief boven alles, maak Hem de hoogste prioriteit. Heb uw naasten lief als uzelf, wat ook betekend dat u moet leren om uzelf lief te hebben, op een Goddelijke en gezonde manier, zodat u die ander met de liefde van God kunt liefhebben. Lees Zijn Woord, overdenk Zijn Woord, laat Zijn Woord uw gedachten vullen en sta Zijn Woord toe om uw hart te veranderen en om uw wegen te veranderen. Laat het Woord van God u veranderen en blijf een afhankelijke en nederige houding houden ten opzichte van God en van elkaar." Het gaat er niet om dat u zo hard mogelijk uw best doet om uzelf te veranderen. Hoe harder u dat probeert, hoe harder u valt. Alleen het Woord van God heeft de kracht om u van binnenuit te veranderen. De tijd en moeite die u in uw relatie met Jezus moet stoppen is door tijd door te brengen in Zijn Woord, terwijl u op Jezus gericht blijft en met de houding van een leerling, niet van een leraar. Vraag Hem om een onderwijsbare geest en om alle kennis, wijsheid en inzicht voor u open te stellen. Beschouw het als een schat. Vraag ernaar, zoek ernaar en geef niet op totdat u heeft waarvoor u gekomen bent. Dan zal het volgende vers ook op u van toepassing zijn.

Maar u hebt de zalving van de Heilige en u weet alles.
1 Johannes 2:20

Nadat we dingen geleerd hebben zullen we er ook wat mee moeten doen. Eerst in onze eigen levens, als een voorbeeld, daarna zullen we het ook moeten delen. We ontvangen altijd om te delen. U ontvangt in een hoeveelheid die voorziet in een portie voor uzelf en ruim voldoende om te delen. Maar om te delen heeft u de Heilige Geest weer nodig. U kunt een zeer getalenteerd spreker zijn, maar u zult nooit in staat zijn om mee te communiceren met de Zalving en de kracht van de Heilige Geest, tenzij het met Zijn hulp is. Op dezelfde manier kan het zo zijn dat u helemaal geen getalenteerde spreker bent, maar met de hulp van de Heilige Geest zult u verbaasd staan van wat er uit uw mond zal komen. Hij vraag ons niet om zo goed mogelijk te functioneren, Hij vraagt ons om afhankelijk en beschikbaar te zijn. Dan zal de Zalving beginnen te stromen.

Want, in waarheid, tegen Uw heilig Kind Jezus, Die U gezalfd hebt, zijn Herodes en Pontius Pilatus samen met de heidenen en de volken van Israël bijeengekomen, om alles te doen wat Uw hand en Uw raadbesluit van tevoren bepaald had dat er gebeuren zou. Nu dan, Heere, sla acht op hun bedreigingen en geef Uw dienstknechten met alle vrijmoedigheid Uw Woord te spreken, doordat U Uw hand uitstrekt tot genezing en er tekenen en wonderen gebeuren door de Naam van Uw heilig Kind Jezus. En toen zij gebeden hadden, werd de plaats waar zij bijeenwaren, bewogen. En zij werden allen vervuld met de Heilige Geest en spraken het Woord van God met vrijmoedigheid.
Handelingen 4:27-31

De Heilige Geest zal altijd ieder werk, wat vanuit Gods initiatief geboren is, ondersteunen. Maar Hij zal geen werken van het vlees ondersteunen. Wanneer we het Woord van God volgen en Hem toestaan de leiding te hebben, dan zal Zijn kracht in ons zijn en ons omringen. Als gevolg daarvan zult u in staat zijn om het Woord van God met vrijmoedigheid te spreken, zonder de religieuze en politieke geesten toe te staan om u te muilkorven. Met name in deze dagen is de naam van Jezus Christus voor vele mensen een aanstoot geworden. In de kerk ziet u vaak dat mensen liever over Jezus spreken dan met Hem. En vele kerkleden zijn veel te druk bezig met mensen wetten en regels op te leggen en om een nieuw juk op de schouders van (jonge) gelovigen te plaatsen. En zelfs in delen van de kerk zijn termen als "dienen" en "nederigheid" vieze woorden geworden. We moeten ons er zeer bewust van zijn wat voor soort onderwijs wij toelaten in onze gedachten en in onze harten. Wij toetsen nooit op basis van de meningen en/of regels van mensen of kerken. De enige waarheid is het Woord van God, geschreven in de Bijbel of gesproken door de Heilige Geest. Alles wat daarvan afwijkt, ongeacht hoe heilig of religieus het klinkt, is een leugen. Onthoud goed dat de mensen die het grootste probleem met Jezus hadden niet de ongelovigen waren, maar de gelovigen. Niet hen die God ontkenden, maar die Hem erkenden. Zij waren de mensen die aanstoot namen aan het onderwijs van Jezus. Als Hij dat soort weerstand kreeg van de gelovigen, dan zult u dat ook krijgen. Maar groter is Hij die in u is. Met de kracht van de Heilige Geest in en om u heen, met de Zalving van de Gezalfde, kan niets en niemand u stoppen. Maar wanneer u beweegt en spreekt op basis van uw eigen kracht, kennis, wijsheid en inzicht, dan zult u vallen en falen.

Het leven van Jezus was in ieder opzicht uniek. Zo ook al Zijn uitspraken. Sommige van Zijn uitspraken kunnen gemakkelijk gemist worden. Maar hier is iets opmerkelijks. Aan het begin van Zijn bediening zei Jezus iets bijzonders over de Zalving. Laten we eerst kijken naar wat Hij precies zei.

En wanneer u vast, toon dan geen droevig gezicht, zoals de huichelaars. Zij vervormen namelijk hun gezicht, zodat zij door de mensen gezien worden als zij vasten. Voorwaar, Ik zeg u dat zij hun loon al hebben. Maar u, als u vast, zalf dan uw hoofd en was uw gezicht, zodat het door de mensen niet gezien wordt als u vast, maar door uw Vader, Die in het verborgene is; en uw Vader, Die in het verborgene ziet, zal het u in het openbaar vergelden.
Mattheüs 6:16-18

Deze uitspraak van Jezus staat niet op zichzelf, maar is een deel van drie dingen die Hij noemde. Hij zei:

- Wanneer u een liefdegave geeft, doe het in het geheim;
- Wanneer u bidt, doe het in het geheim;
- Wanneer u vast, doe het in het geheim.

In alle drie de gevallen benadrukte Jezus dat u geen van deze dingen in het zicht van mensen zou moeten doen, om er zelf voordeel uit te behalen. Dus niet om mensen te laten zien hoe goed en religieus u bent. Zorg dat u in plaats daarvan niets laat merken van deze daden en doe ze in het geheim. Al deze drie uitspraken eindigen met een geweldige belofte. Met andere woorden, wanneer u deze uitspraken van Jezus volgt, dan gebeurt er dit:

...uw Vader, Die in het verborgene ziet, zal het u in het openbaar vergelden. (**vers 4**)

...uw Vader, Die in het verborgene ziet, zal het u in het openbaar vergelden. (**vers 6**)

...uw Vader, Die in het verborgene ziet, zal het u in het openbaar vergelden. (**vers 18**)

Maar als u deze uitspraken van Jezus niet volgt, dan:

...hebt u geen loon bij uw Vader, Die in de hemelen is. (**vers 1**)

Voorwaar, Ik zeg u dat zij hun loon al hebben. (**vers 5**)

Voorwaar, Ik zeg u dat zij hun loon al hebben. (**vers 16**)

Jezus onderwees dat deze dingen een persoonlijke zaak zijn tussen uw hart en Gods hart, niet om door mensen opgemerkt te worden en niet voor uw eigen gewin of eer. Niet voor enige vorm van schat op deze aarde. Maar wanneer we inzoomen op de laatste uitspraak, dan zien we een paar interessante feiten verschijnen. Ten eerste laat het zien dat het persoonlijke gebruik van Zalfolie een normaal gebruik was onder gewone mensen. Ten tweede, en wat bijna gemist kan worden, is het feit dat Jezus hier een traditie verbrak. Het was niet toegestaan om uzelf te Zalven tijdens het vasten, en tijdens de Verzoendag was het zelfs strikt verboden, conform de rabbijnse wetten. Een voorbeeld hiervan kunnen we zien tijdens het vasten van Daniël (Daniël 10:3). Maar het feit dat Jezus hier direct tegen de rabbijnse wet ingaat was zeer opmerkelijk, met name wanneer u zich realiseert met welke reden Jezus naar de aarde is gekomen en op welke dag de Zalving was verboden.

Door het gebrek aan Zalving konden de mensen zien dat u aan het vasten was of in rouw was (2 Samuël 14:2). Het gebrek aan Zalving in geval van rouw was meestal wanneer iemand overleden was of wanneer iemand zich onder een vloek waande. In beide gevallen was het duidelijk dat de mensen die zichzelf niet Zalfden kennelijk in rouw waren of zorgen hadden. In het geval van de Farizeeën en Schriftgeleerden weten we dat veel van hen het gebrek aan Zalving slechts toepasten om de mensen te laten zien hoe religieus zij waren. Maar in ieder ander geval was er wel degelijk wat aan de hand met mensen, wanneer zij zich niet Zalfden.

En hier is Jezus, Die de mensen verteld dat zij zich moeten Zalven, wat er ook aan de hand is. Dat is opmerkelijk. Het ging recht in tegen alle religieuze wetten van de geestelijke leiders. Met name wanneer u zich realiseert dat de meest belangrijke dag waarop de Zalving verboden was, de Verzoendag was. Door de mensen te vertellen dat zij zich moesten Zalven, ongeacht wat er aan de hand is, vervulde Hij de profetie van Jesaja 61, hetzelfde gedeelte waarmee Hij Zichzelf had geopenbaard als de Messias. In dat vers vermelde Hij Zijn doel:

Om alle treurenden te troosten; om aangaande de treurenden van Sion te beschikken dat hun gegeven zal worden sieraad in plaats van as, vreugdeolie in plaats van rouw, een lofgewaad in plaats van een benauwde geest, opdat zij genoemd worden eiken van de gerechtigheid, een planting door de HEERE, om Hem te verheerlijken.
Jesaja 61:2-3

Onze verzoening heeft reeds plaatsgevonden, door Jezus Christus, de Zoon van de Levende God. Het is om die reden dat we nooit meer een tekort hoeven te hebben, ongeacht op welk gebied, maar met name op het gebied van de Zalving. Hij heeft voor dat alles betaald. Zijn offer was grondig en meer dan voldoende. Dat is de reden waarom Jezus alle gewone mensen vertelde om nooit te stoppen met zichzelf te Zalven. Omdat er geen reden meer is voor rouw. De prijs is voldaan. Verzoening heeft plaatsgevonden. Het is volbracht. Zonde heeft geen macht meer over ons, wanneer we in Jezus Christus zijn. Meer verzoening is er niet nodig. Jezus Christus is voldoende. Dit is zo enorm! Zo geweldig! Jezus Christus werd onze Hoorn van Redding (Lukas 1:69), de Hoorn van David (Psalm 132:17), van waaruit onze geestelijke Zalving stroomt.

Een geweldig voorbeeld van iemand die vanuit het hart handelde, in plaats van voor de eer van een mens, was Maria. Zij zocht niet naar haar eigen gewin. Zij wilde Jezus Christus de eer en de behandeling geven die Hij verdiende. Wat zij deed, deed zij vanuit het hart. Dat is de reden waarom het een acceptabel offer was voor Jezus. Hoewel de religieuze leiders weigerden om Hem te eren, door Hem te wassen en te Zalven, kwam deze 'zondige' vrouw daarvoor in de plaats en gaf Hem de behandeling die Zijn gastheer Hem had moeten geven. Zij gaf alles wat zij kon geven. Om die reden vertrok zij vanaf die plaats, met al haar zondes vergeven en uitgewist. Want haar gave kwam vanuit het hart. Dat is wat er toe doet voor Jezus. Hij kijkt niet neer op de gebroken harten, de gewonden, op hen die pijn hebben. Hij kwam om de zwakken kracht te geven, om alle treurenden te troosten, om hen een sieraad te geven in plaats van as, vreugdeolie in plaats van rouw, een lofgewaad in plaats van een benauwde geest. Op dat moment wist zij niet dat zij dit deed voor Zijn begrafenis. Het was een Joods gebruik om de doden te Zalven, wat ook de reden was waarom Jezus zei dat zij dit voor Zijn begrafenis deed. Door dit te zeggen kondigde Hij Zijn dood aan. En hoewel de voorbereidingen werden gedaan om Hem na Zijn dood te Zalven, werd Hij op aarde nooit meer Gezalfd (Markus 16:1-8). Daarom was Maria de laatste persoon die Hem Gezalfd heeft.

Voorwaar, Ik zeg u: overal waar dit Evangelie gepredikt zal worden in heel de wereld, zal ook tot haar gedachtenis gesproken worden over wat zij gedaan heeft.
Mattheüs 26:13

Niet alleen werd Jezus de Hoeksteen, ons Fundament, Hij werd ook onze Sluitsteen (Zacharia 4:7). Dat is de deksteen die onze bedekking bij elkaar houdt. Een sluitsteen is de laatste steen van een gebouw. Het is de steen die het dak (of gewelf) bij elkaar houdt en wordt ook wel de kroon op het werk genoemd. Hij is Alfa en de Omega, het Begin en het Eind.

138

HOOFDSTUK 14

DE GEZALFDE BRUID

Wanneer een tijd van rouw voor iemand eindigde, dan kon iedereen dat zien omdat het gebruik van de Zalving met Zalfolie weer werd hervat. Op dat moment stonden mensen vreugde weer toe in hun leven. Deze gelegenheden werden ook specifiek vermeld tijdens feesten, vieringen en overwinningen. Het is het beeld van boven de omstandigheden uitrijzen, van opgetild worden. Het beeld van overwinnen.

En ook de naburige stammen – tot aan Issaschar, Zebulon en Naftali toe – brachten voedsel op ezels, op kamelen, op muildieren en op runderen; voedsel als meel, klompen vijgen en rozijnenkoeken, wijn en olie, runderen en kleinvee in overvloed, want er was blijdschap in Israël.
1 Kronieken 12:40

U maakt voor mij de tafel gereed voor de ogen van mijn tegenstanders; U zalft mijn hoofd met olie, mijn beker vloeit over.
Psalm 23:5

Zoals Jezus al zo mooi verwoorde is onze tijd van rouw voorbij. De overwinning is voor Jezus en voor ons, die in Jezus zijn. Door Zijn naam en Zijn autoriteit over u te accepteren, door Hem te erkennen als de Messias en de Zoon van God, werd u een deel van iets enorms. De bruid van Christus. De prachtige stralende bruid van Christus. Als zodanig bent u uitgenodigd voor de bruiloft van het Lam. Die bruiloft zal spoedig gaan plaatsvinden.

Er staat een gebeurtenis vermeld in de Bijbel, waar Jezus belooft dat Hij zal komen om Zijn bruid van de aarde weg te nemen en weg uit de verdrukkingen en verwoestingen die over de aarde zullen gaan komen. Die gebeurtenis wordt de opname genoemd. Het is waarschijnlijk de meest bediscussieerde gebeurtenis, zwaar bekritiseerd, zwaar in twijfel getrokken, weggelachen en welke door velen wordt afgedaan als een mythe. Maar het zal gaan plaatsvinden, of mensen dit nu geloven of niet.

Zijn Woord is ja en amen. Wat Jezus heeft beloofd, zal gaan gebeuren. Wij, de bruid van Christus, zien uit naar dat prachtige moment.

Wanneer we naar de situatie in de wereld kijken, dan zien we dat alles snel toewerkt richting het einde, richting de afsluiting van dit tijdperk of eon. Maar hoewel we weten dat het huidige eon ten einde gaat komen, weet niemand precies wanneer dit eon eindigt en het volgende eon begint. Wat we wel weten is dat Jezus ons zegt dat Hij voor ons zal komen en dat we daar klaar voor moeten zijn. Dat is op ieder moment van toepassing. We werken niet toe naar een moment waarop we klaar zijn. We moeten nu klaar zijn. Gods timing is nu. Dit uur, deze minuut, deze seconde. Want we weten niet wanneer Hij zal komen. Maar wanneer Hij komt, dan wilt u klaar zijn.

Weest ook u daarom bereid, want op een uur waarop u het niet zou denken, zal de Zoon des mensen komen.
Mattheüs 24:44

Veel Christenen leven hun leven alsof de komst van de Heer nog tientallen, honderden of duizenden jaren zal duren. Alsof het nooit in hun leven zal gebeuren. Zij leven hun leven alsof er altijd weer een nieuwe morgen is, alsof er altijd nog een kans is om hun leven op orde te krijgen en om de man of vrouw te worden die God wil dat ze worden. Zijn aanstaande komst wordt makkelijk afgedaan en vergeleken met al die tijden waarop mensen Hem verwacht hadden en Hij niet is gekomen. Zij verwijzen naar al de valse profeten, die de dag van de opname voorspelden, welke kwamen en voorbijgingen. Daarom zijn ze dwaas genoeg om te geloven en aan te nemen dat zij veilig zijn en dat er geen noodzaak is om nu klaar te zijn. Maar feit is dat Jezus nooit enige indicatie of aanwijzing heeft gegeven voor de exacte dag van Zijn komst, de dag van de opname. Meer dan dat, Jezus kan deze details ook niet geven, want Hij weet het Zelf niet. Jezus weet niet op welke dag de opname zal gaan plaatsvinden. Hij kent de tijd niet. Alleen Zijn en onze hemelse Vader kent die dag en het uur (Mattheüs 24:36, Markus 13:32). Dat betekent dat niemand zeker kan zijn, behalve de Vader. Het betekend ook dat niemand de aanname kan doen dat er nog een morgen zal zijn, om hun leven op orde te krijgen en de persoon te zijn die God wil dat ze zijn. Maar hoewel Jezus ons niet kon vertellen op welke dag Hij komt, heeft Hij wel al Zijn volgelingen de opdracht gegeven om op ieder moment klaar te zijn. Om te leven alsof Hij op dit moment zal komen.

Dan zal het Koninkrijk der hemelen gelijk zijn aan tien meisjes, die hun lampen namen en op weg gingen, de bruidegom tegemoet. Vijf van hen waren wijs en vijf waren dwaas. Zij die dwaas waren, namen wel hun lampen maar geen olie met zich mee. De wijzen namen met hun lampen ook olie mee in hun kruikjes. Toen de bruidegom uitbleef, werden zij allen slaperig en vielen in slaap. En te middernacht klonk er een geroep: Zie, de bruidegom komt, ga naar buiten, hem tegemoet! Toen stonden al die meisjes op en maakten hun lampen in orde. De dwazen zeiden tegen de wijzen: Geef ons van uw olie, want onze lampen gaan uit. Maar de wijzen antwoordden: In geen geval, anders is er misschien niet genoeg voor ons en u. Ga liever naar de verkopers en koop olie voor uzelf. Toen zij weggingen om olie te kopen, kwam de bruidegom; en zij die gereed waren, gingen met hem naar binnen naar de bruiloft, en de deur werd gesloten. Later kwamen ook de andere meisjes, die zeiden: Heer, heer, doe ons open! Hij antwoordde en zei: Voorwaar, ik zeg u: ik ken u niet. Wees dan waakzaam, want u weet de dag en ook het uur niet waarop de Zoon des mensen komen zal.
Mattheüs 25:1-13

Merk op dat zij allemaal slaperig werden en in slaap vielen. Inclusief de wijze meisjes. Maar de wijze meisjes sliepen verzekerd, want zij waren klaar. De dwaze meisjes sliepen in onwetendheid, niet wetende wat er zou gebeuren en of ze genoeg olie zouden hebben. Maar toen de tijd kwam stonden ze allemaal op, en alleen de wijzen hadden voldoende om het huis van de bruidegom binnen te gaan. Zij waren voorbereid vanwege hun liefde voor de bruidegom, wat resulteerde in daden en niet slechts in lege woorden. Zij toonden hun liefde, wat leefde in hun harten, door hun daden. Het was pas op dat moment dat de dwazen zich realiseerden dat hun olie ontoereikend was. Dit is het verschil tussen hen die leven door de Geest en hen die leven door de wet. Zij die ervoor kozen afhankelijk te zijn en zij die liever de zaken in eigen hand namen en op hun eigen kennis, wijsheid en inzicht vertrouwden. Deze dwaze meisjes zullen de boot missen.

Ik ben me er zeer van bewust dat er vele leringen en doctrines zijn aangaande de grote verdrukking en de opname. Er zijn veel leraren die onderwijzen dat de bruid van Christus door de grote verdrukking heen moet. Hoewel ik geen deel wil worden van de vele zinloze discussies op dit gebied, noch dat ik hierover in debat wil gaan, zal ik u wel iets geven om op te kauwen, wat alles is wat ik erover zal zeggen.

Wees op uw hoede dat uw hart niet op enig moment bezwaard wordt door roes en dronkenschap en door zorgen over de alledaagse dingen, en dat die dag u niet onverwachts overkomt. Want als een strik zal hij komen over allen die op het hele aardoppervlak wonen. Waak dan te allen tijde en bid dat u waardig geacht zult worden om al die dingen die gebeuren zullen, te ontvluchten, en om te kunnen bestaan voor de Zoon des mensen.
Lukas 21:34-36

Letterlijk spreekt het hier over "ontsnappen" en om voor de Zoon des mensen te "verschijnen". Als het waar zou zijn dat de bruid van Christus door de grote verdrukking heen zou moeten gaan, waar moeten we dan aan ontsnappen? Het duizendjarig vrederijk dat volgt? Het moment van Armageddon, aan het einde van die duizend jaar? Geen van beide. Dit spreekt duidelijk over de komende verwoesting die over de aarde zal komen, de grote verdrukking en het ontsnappen daaraan. Want er zijn geen zorgen in de duizend jaren van vrede. De zorgen zijn in deze dagen. Ze zijn overal om ons heen. En ze zullen in grote mate toenemen onder de ongelovigen. Want de zorgen zijn door de vijand ontworpen, om onze focus weg te roven van Jezus, naar onze omstandigheden. Maar feit is dat wanneer al deze gebeurtenissen, waar Jezus over sprak, beginnen plaats te vinden, dat ons moment van ontsnappen nabij is gekomen. Daarom adviseer ik u ook om zelf Lukas 21 goed te gaan bestuderen, samen met de Heilige Geest. De letterlijke vertaling van Lukas 21:36 zegt: "Wees waakzaam in ieder seizoen, bij iedere gelegenheid, en bid (continu) dat u waardig genoeg mag worden bevonden om aan al deze dingen te ontsnappen en om voor de Zoon des mensen te verschijnen."

In het boek Openbaring spreekt Jezus over hetzelfde moment, wanneer Hij aangeeft hoe we klaar kunnen zijn voor het moment van de opname. Ik geef u ook twee gerelateerde Bijbelgedeeltes, om u het grotere plaatje te laten zien.

Ik raad u aan dat u van Mij goud koopt, gelouterd door het vuur, opdat u rijk wordt, en witte kleren, opdat u bekleed bent en de schande van uw naaktheid niet openbaar wordt. En zalf uw ogen met ogenzalf, opdat u zult kunnen zien.
Openbaring 3:18

En voor de tweede keer antwoordde ik en zei tegen Hem: Wat betekenen die twee olijftakken die door twee gouden buisjes gouden olie uit zich weg laten lopen?
Zacharia 4:12

Laat uw kleding te allen tijde wit zijn en laat op uw hoofd geen olie ontbreken.
Prediker 9:8

Er zijn twee dingen nodig om klaar te kunnen zijn voor de opname. Het eerste is het goud van Jezus, het tweede zijn de witte kleren. Het goud, opdat onze hoofden en ogen Gezalfd zullen zijn, de witte kleren, op dat we bekleedt zijn en de schande van onze naaktheid niet openbaar wordt. Beiden zijn beschikbaar, maar niet gratis. Ze zijn te koop. Het gaat u iets kosten. Anders zou het geen kopen zijn. Jezus bied ons iets aan en Hij zegt dat we het van Hem moeten kopen. Dat heeft niets met geld te maken. Wat Hij wil is uw leven. Helemaal. Inclusief uw hart, uw gedachten, uw beslissingen, uw daden, uw lichaam, uw geest, uw ziel, uw huis, uw auto, uw baan, alles. Hij wil over alles zeggenschap kunnen hebben. Hij wil dat Zijn Woord in u woont. Hij wil dat Zijn Woorden uw woorden worden. Zijn gedachten, uw gedachten. Zijn uitspraken, uw uitspraken. Dat zijn daden uw daden worden. En om dat te bereiken heeft u totale en volledige afhankelijkheid nodig. En dat is een keuze die u zult moeten maken. Het is ook iets wat we allemaal zullen moeten leren, met de hulp van onze Helper, de Heilige Geest. U moet op de plaats komen waar u zich realiseert dat u werkelijk niets kunt doen zonder Jezus. U kunt uzelf niet eens veranderen. Wij moeten Hem toestaan om het in ons te doen. Door onze focus op Hem gericht te houden. Door in Zijn Woord te blijven. Door Hem te aanbidden in geest en in Waarheid. Door te bidden. Door te wachten. Door te volharden. Door vol te houden.

Het goud waar Jezus over spreekt is de hemelse Zalving. Op verschillende plaatsen noemt de Bijbel de Zalfolie "het goud", zoals gezien kan worden in Zacharia 4:12. In deze natuurlijke wereld kunnen niet alle olijven worden gebruikt om pure olijfolie van te maken. Er zijn verschillende soorten olijven, uit verschillende regio's en verschillende landen, met verschillende smaken. Zij kunnen niet allemaal worden gemengd, want de verschillende smaken en de vieze en geoxideerde olijven zullen de helderheid en de pure smaak van de goede olijven aantasten. Het zijn dus wel olijven, ze bevatten olie, maar ze kunnen niet in hun originele conditie worden gebruikt. Maar ze kunnen wel worden gebruikt wanneer ze door het proces van loutering zijn gegaan. Dit louteringsproces gaat door het vuur. Eerst worden de olijven verpletterd en verpulverd, totdat al de olie die erin zit eruit is gekomen. De gewonnen olie wordt verhit naar extreem hoge temperaturen. Dit zorgt ervoor dat de producenten ook de olijven kunnen gebruiken die niet in de beste conditie zijn. Door het proces van loutering wordt de smaak van alle olie geneutraliseerd, de olie wordt helder en alle olie wordt bruikbaar, zoals het vloeibare goud waar de Bijbel over spreekt. Dus wanneer Jezus spreekt over goud, gelouterd in vuur, dan spreekt Hij over onze levens, die verpletterd en verpulverd moeten worden, totdat al onze diepste intenties en motivaties bloot zijn komen te liggen. De enige manier om bij onze ware intenties en motivaties te komen is door pijn, door tegenslagen en door verzoekingen. Dat is sterven aan onszelf. Dan worden al deze intenties en motivaties onderworpen aan de test van Zijn vuur. Al de onzuiverheden en slechte smaken worden eruit gehaald en geneutraliseerd, totdat er niets anders over is dan het pure gelouterde goud.

De gelouterde olie, het gezuiverde goud, word een uitstekend instrument in de handen van God. Maar door alle pijn, door alle tegenslagen en door alle verzoekingen zal Hij ons nooit alleen laten. Niet tijdens het louteringsproces en niet tijdens de momenten dat we mogen dienen in Zijn dienst. Hij zal er bij iedere stap bij zijn. Waar iedere andere vriend zal falen en u zal verlaten, zal Hij nooit weglopen. Zelfs niet in uw zwakste momenten. Jezus heeft ons de Helper beloofd, onze kostbare Heilige Geest, om naast ons te staan, om ons te helpen en om ons te troosten in tijden van nood. Om ons aan te moedigen om door te gaan, wanneer we op het punt zijn gekomen waar we liever opgeven. Zoals eerder vermeld is de Zalfolie een beeld van de Heilige Geest. Herinnert u zich het gedeelte "vreugdeolie in plaats van rouw", uit Jesaja 61:3? Wist u dat één van de mogelijke vertalingen van dit gedeelte ook "de olie van (de) opname in plaats van rouw" kan zijn? Laten we dit gedeelte nog eens lezen met die vertaling.

Om aangaande de treurenden van Sion te beschikken dat hun gegeven zal worden sieraad in plaats van as, de olie van (de) opname in plaats van rouw, een lofgewaad in plaats van een benauwde geest, opdat zij genoemd worden bomen van de gerechtigheid, een planting door de HEERE, om Hem te verheerlijken.
Jesaja 61:3

In alles wat Jezus deed en doet kunnen we Zijn intenties zien om ons voor te bereiden voor het moment van de opname en de bruiloft van Jezus Christus. De olie van de opname of de vreugdeolie word ons gegeven voor onze voorbereiding op de bruiloft. Wanneer een Joods meisje ging trouwen dan was het gebruikelijk dat zij een aandeel of eigendom mee het huwelijk in nam. Dit is ook bekend als de bruidsschat. In Israël moest de bruidegom een prijs of losprijs noemen aan de vader van de bruid, wat de mohar werd genoemd. Dat was het aandeel dat de bruidegom moest inbrengen. Het is echter niet duidelijk of deze mohar aan de vader van de bruid of aan de bruid zelf werd gegeven. In geestelijke zin heeft Jezus een prijs genoemd. Zijn eigen leven was de mohar, welke Hij aanbood aan de Vader, als een losprijs voor ons, Zijn bruid. Om die reden werd de hemelse Vader ook onze hemelse Vader. Nu is het onze hemelse Vader die een bruidsschat aan Jezus zal geven, in ruil voor de losprijs die voor ons betaald is, om in ons huwelijk met Jezus mee te nemen.

Er is nog een heel mooi onderdeel van dat gebruik. De bruid mocht, op haar beurt, een tiende van de bruidsschat voor zichzelf vragen, in de vorm van Zalfolie, voor haar voorbereiding op het huwelijk. Toen ik dat oude gebruik ontdekte realiseerde ik me onmiddellijk dat dit, in geestelijke zin, verwijst naar de late regen. We spreken hier over een zeer zware Zalving, niet zoals iedere andere Zalving, maar een Zalving die ons voorbereid op ons grote moment tijdens de bruiloft. Maar er is een maar. De bruid ontving dit tiende deel van de bruidsschat, in de vorm van Zalfolie, niet automatisch. Ze ontving het alleen wanneer ze daar om zou vragen. Toen ik dat zag begon ik God onmiddellijk te vragen of wij, de bruid van Christus, zouden moeten vragen om een tiende deel van de bruidsschat. Ook ik wil tenslotte klaar zijn voor de bruiloft, en ik geloof dat dat ook voor u geldt. Dus als er een speciale bruidsschat Zalving is waar wij nog niet vanaf weten, dan wilde ik dat weten. Ik wilde weten of dat inderdaad de late regen is en of we daar om moeten vragen. Het antwoord op die vraag kwam veel sneller dan ik verwacht had. Dit is het antwoord dat de Heilige Geest gaf, als antwoord op die vragen.

Vraag de HEERE om regen ten tijde van de late regen. De HEERE maakt de onweerswolken, en Hij zal hun regen geven voor ieder gewas op het veld.
Zacharia 10:1

Wow, wow, wow! Dat is de bruidsschat Zalving! Dus er komt een moment van zware Zalving, een speciale Bruidsschat Zalving, de late regen, om ons voor te bereiden op onze bruiloft. Maar we moeten er om vragen om het te mogen ontvangen. Als we niet vragen, dan ontvangen we ook niet. Maar wat voor soort Zalving is de late regen precies? Laten we eens kijken in het boek Joël.

En u, kinderen van Sion, verheug u en wees blij   in de HEERE, uw God, want Hij zal u geven de Leraar tot gerechtigheid. Die zal regen op u doen neerdalen, vroege regen en late regen in de eerste maand.
Joël 2:23

Dit is wederom zeer interessant, want ik heb dit gedeelte al eens eerder gelezen en de betekenis bestudeerd. We weten dat God een God is van nummers en afmetingen, ook al kennen we niet altijd de exacte nummers of afmetingen die Hij gebruikt. Maar op diverse plaatsen in de Bijbel kunt u zien hoe God exacte getallen en afmetingen geeft. Net zoals een tiende deel van de bruidsschat ook een afmeting is, ook al weten we niet hoeveel dat precies is. Maar vanwege dit vers uit Joël kunnen we wel enig idee krijgen van wat dat zou kunnen zijn. Dit vers zegt letterlijk dat God de vroege regen "in gelijke mate" geeft. Dat wil zeggen dat hij de voormalige regens zal geven, wat verwijst naar de voormalige opwekkingen die over de aarde zijn gegaan, en welke kennelijk een exacte maat en afmeting hadden. En dan zegt Hij dat Hij de late regen daar bovenop zal geven, allemaal in hetzelfde seizoen. Stel u zich dat eens voor! Een opwekkings-Zalving plus een hele zware opwekkings-Zalving. Waar staat dat aan gelijk? Ik heb werkelijk geen idee. Maar het moet enorm zijn. De getuigenissen van de vorige opwekkingen omschrijven nu al een extreem zware Zalving. Levens werden gered, genezen, bevrijd en hersteld. En op sommige momenten was de glorie van God zo zwaar dat mensen niet eens konden lopen. Wat mogen we dan verwachten wanneer de late regen daar ook nog eens aan toe wordt gevoegd? Hoewel ik die vraag niet precies kan beantwoorden, aangezien niemand dat ooit op aarde heeft gezien, weet ik wel wat het resultaat zal zijn. Het zal het herstel van Gods volk zijn, op ieder mogelijk niveau, inclusief financieel. Het zal de uitstorting van Gods Geest zijn op alle vlees. Wonderen en tekenen zullen over de gehele aarde plaatsvinden. En dit alles zal gebeuren voordat Jezus Zijn bruid komt halen. Wanneer de mate van de vroege en de late regen is gegeven, dan zal dit gebeuren.

De zon zal veranderd worden in duisternis en de maan in bloed, voor die dag van de HEERE komt, die grote en ontzagwekkende. Het zal geschieden dat ieder die de Naam van de HEERE zal aanroepen, behouden zal worden. Want op de berg Sion en in Jeruzalem zal ontkoming zijn, zoals de HEERE gezegd heeft, namelijk bij hen die ontkomen zijn, die de HEERE roepen zal.
Joël 2:31-32

Er komen hele spannende tijden aan, maar de uitstorting van deze Zalving betekend niet automatisch dat mensen daar goed op zullen reageren. De Zalving zal alleen verandering teweeg brengen op de gebieden waar u wilt veranderen. Dat betekent dat onze houdingen gericht moeten zijn op de voorbereiding van de bruiloft. Het betekent ook dat we ons moeten realiseren dat de bruid van Christus niet alleen u is. Het is u en alle kinderen van God. Het is u en al diegenen die God wil redden, genezen, bevrijden en herstellen. Wij ontvangen dit alles niet alleen voor onszelf. Wij ontvangen om te kunnen delen. Op ieder mogelijk niveau. We moeten ons realiseren dat er geen "ik" of "jij" is in het lichaam van

Christus, er is alleen "wij". Wij zijn één, of we dat nu willen of niet. En het is voor ons eigen bestwil dat we daaraan wennen, want het zal niet anders gaan zijn in de Hemel en de eeuwigheid. En dat brengt ons bij het tweede gedeelte waar Jezus over sprak in Openbaring 3:18. Eerst raad Hij ons aan om goud te kopen, door vuur gelouterd. Dan zegt Hij dat we kleding nodig hebben. "Witte kleren, opdat u bekleed bent en de schande van uw naaktheid niet openbaar wordt." Maar wat zijn deze witte kleren? Die vraag wordt beantwoord in de volgende verzen.

Laten wij blij zijn en ons verheugen en Hem de heerlijkheid geven, want de bruiloft van het Lam is gekomen en Zijn vrouw heeft zich gereedgemaakt. En het is haar gegeven zich met smetteloos en blinkend fijn linnen te kleden, want dit fijne linnen zijn de gerechtigheden van de heiligen.
Openbaring 19:7-8

Onze bruiloftskleding, het fijne linnen, zijn de rechtvaardige daden die wij doen. Niet zo lang geleden zag ik een videoboodschap van Derek Prince, waar ik hem hoorde zeggen dat de kerk van vandaag waarschijnlijk maar net genoeg materiaal heeft voor een bikini. Vanuit wat ik tot nu toe heb mogen zien, moet ik zeggen dat dat correct is. Maar Jezus zegt dat onze naaktheid bedekt moet worden. Hoe doen we dat? Door rechtvaardige daden. Wat is Gods grootste zorg? Dat er mensen verloren gaan. Zijn grootste zorg moet ook onze grootste zorg zijn.

U, die de onheilsdag ver van u afhoudt, maar de zetel van het geweld naderbij brengt; u, die op bedden van ivoor ligt, die op uw rustbanken hangt, die lammeren uit het kleinvee eet, kalveren uit het midden van de stal; u, die vrolijk zingt onder het geklank van de luit – zoals David hebben zij voor zichzelf muziekinstrumenten uitgedacht – u, die wijn uit sprengbekkens drinkt en u zalft met de beste olie, maar om de ondergang van Jozef bekommert u zich niet.
Amos 6:3-6

God gaat altijd achter de verlorenen aan, om hen te redden. Hij staat altijd op voor de armen, de weduwen, de wezen en de verdrukten, om voor hen te zorgen. Hij vecht voor hen, zoals Hij voor u vocht. Hij geeft om hen, zoals Hij om u geeft. Hij stierf voor hen, zoals Hij voor u

148

stierf. Dat is hoeveel prioriteit Hij hieraan geeft. In de hedendaagse kerk is redding een prioriteit, maar niet de prioriteit. De zorg voor armen, weduwen, wezen en verdrukten... Het is een prioriteit, maar een lage prioriteit. Waarom? Omdat we zoveel meer kunnen doen, maar dat zou ons werkelijk iets kosten. Het zou kunnen betekenen dat God van ons vraagt om een vakantie op te geven en om dat geld te gebruiken voor één van Zijn doelen. Het herstel van financiën, en van al het andere, wil niet automatisch zeggen dat mensen de gegeven zegeningen ook op een goede manier zullen gebruiken. Mensen hebben nog steeds een keuze. Wat we normaal gesproken in de wereld zien is dat hoe meer geld mensen krijgen, hoe banger ze worden om het te verliezen en hoe minder ze geven. De kerk is hierin niet anders. Het zou anders moeten zijn, maar dat is het niet. Nog niet. Wat we normaal gesproken in de wereld zien is dat zij die heel weinig hebben alles delen wat ze kunnen delen. En die houding moet hetzelfde blijven wanneer God alles in onze levens gaat herstellen. We willen tenslotte wat meer hebben als een bikini, wanneer we met Jezus trouwen.

Wees dus waakzaam! Want u weet niet wanneer de heer des huizes komt, 's avonds laat of te middernacht of met het hanengekraai of 's morgens vroeg, opdat hij u niet, als hij plotseling komt, slapend aantreft. En wat Ik tegen u zeg, zeg Ik tegen allen: Wees waakzaam!
Markus 13:35-37

Zijn wij moedig genoeg om het goud van Jezus te kopen? Om onszelf te kleden met de witte linnen? Het begint met een keuze van onze kant. We kunnen God heel eenvoudig vragen om ons klaar te maken, om ons voor te bereiden, om te doen wat Hij wil, wanneer Hij het wil en hoe Hij het wil in onze levens. Het zal ons veel kosten. Het is een proces waar "ik" van de troon van uw hart word verwijderd en waar Jezus Zijn rechtmatige hoogste plaats zal innemen. Dat kan op het moment zelf pijnlijk zelf, maar er zal zoveel meer uit voortkomen. Op de momenten van pijn, verzoekingen en verdrukkingen is het moeilijk om te zien wat voor goeds daaruit voort kan komen. Maar wanneer dat alles voorbij is, dan kunt u zien waarom. En het zal alles meer dan waard zijn.

Wees daarom geduldig, broeders, tot de komst van de Heere. Zie, de

landbouwer verwacht de kostbare vrucht van het land, en heeft daarbij geduld, totdat het de vroege en late regen zal hebben ontvangen. U moet ook geduldig zijn en uw hart versterken, want de komst van de Heere is nabij.
Jakobus 5:7-8

In alles wat Jezus voor u doet bereid Hij u voor op de bruiloft. Het enige wat wij moeten doen is Zijn leiding volgen. Dan zullen wij Zijn Gezalfde bruid worden. Geef nu niet op. Uw leven betekent zoveel voor Jezus. Zijn liefde voor u is zo extreem groot. Hij, Die alles voor u heeft opgeofferd, verlangt naar u. Ik wil u aanmoedigen om niet te kijken naar uw huidige situatie en omstandigheden. Deze komen, maar ze zullen net zo zeker weer voorbijgaan. Jezus is de Enige die komt en blijft. Richt uw aandacht op Hem en sta de vijand niet toe om uw aandacht we te roven. En als het voelt alsof u niet meer kunt dragen, vraag dan naar de late regen en hou vol. Hulp is onderweg. De wolken trekken al samen. Jezus zal u nooit opgeven.

Aanbid God. Het getuigenis van Jezus is namelijk de geest van de profetie.
Openbaring 19:10

Amen. Ja, kom, Heere Jezus!
Openbaring 22:20

ESSENTIËLE/ETHERISCHE OLIE VERSUS ZALFOLIE

Diverse mensen kennen mij van mijn boek 'De Gezalfde Bruid: Ontdek de eeuwenoude waarheid over het gebruik van Zalving en Zalfolie', welke in 2016 werd gepubliceerd. Vanwege mijn boek heb ik vele vragen over Zalfolie gekregen, maar ook over essentiële olie of etherische olie. Het is interessant om te zien dat deze vragen van alle lagen afkomstig waren, van kerkbezoekers tot kerkleiders. Voor mij is het een vreugde om te zien hoe de kennis over de Zalving en de Zalfolie hersteld wordt na zovele eeuwen van afwezigheid. Ook al verspreid die kennis zich maar langzaam. Ik hoor echter ook hoe meer en meer mensen de aanname doen dat essentiële olie hetzelfde zou zijn als Zalfolie. Ook hoor ik hoe mensen essentiële olie gebruiken om zichzelf en anderen mee te zalven. Tevens is mij gevraagd of ik ook essentiële oliën gebruik en of ik daar interesse in zou hebben. Aangezien deze vragen toenemen heb ik besloten om al deze vragen in dit epiloog te beantwoorden.

Eén van de Bijbelverzen die het meeste tot mij spreekt, ten opzichte van de Zalving, is de volgende.

Hij is het Die kwam door water en bloed: Jezus, de Christus; niet door het water alleen, maar door het water en het bloed. En de Geest is het Die getuigt, omdat de Geest de waarheid is. Want drie zijn er die getuigen in de hemel: de Vader, het Woord en de Heilige Geest; en deze drie zijn één. En drie zijn er die getuigen op de aarde: de Geest, het water en het bloed; en deze drie zijn tot één.
1 Johannes 5:6-8

Hier zien we het gedeelte van de drie getuigen, waar de meeste Christenen niets vanaf weten. In de eerste plaats zien we de drie getuigen in de Hemel; de Vader, het Woord en de Heilige Geest. Het is interessant om te zien dat het Woord hier genoemd wordt, want je zou verwachten dat dit vers 'de Zoon' zou zeggen. Toch is dat precies wat dit vers zegt, want Christus is het vleesgeworden Woord (Johannes 1:1-5). Het was het Woord, gesproken door de Vader, wat in de Hemel klonk en een weg naar de aarde vond, om daar vlees te worden en onder ons te leven. De drie getuigen in de Hemel zijn dus inderdaad de Vader, de Zoon en de Heilige Geest en deze drie zijn één.

Op dit punt is het belangrijk om te begrijpen dat de Hemel niet de enige geestelijke plaats is. We nemen vaak aan dat de Hemel en de geestelijke wereld boven ons zijn, maar feit is dat de geestelijke wereld niet alleen boven ons is, maar ook in ons midden. Het is overal om ons heen. We zien het niet, maar het is er wel. De geestelijke wereld loopt parallel aan onze natuurlijke wereld. Met andere woorden, wat we zien in de natuurlijke wereld is een gevolg van wat reeds heeft plaatsgevonden in de geestelijke wereld. Wat heeft plaatsgevonden in de geestelijke wereld kan door geloof manifest (of toegankelijk) worden in onze natuurlijke wereld. Laat me je een voorbeeld geven.

Maar Hij is om onze overtredingen verwond, om onze ongerechtigheden verbrijzeld. De straf die ons de vrede aanbrengt, was op Hem, en door Zijn striemen zijn wij genezen.
Jesaja 53:5

Dit vertelt ons niet dat wij door Zijn striemen genezen waren, het verteld ons niet dat wij door Zijn striemen genezen zullen worden. Het zegt dat wij door Zijn striemen genezen ZIJN. De manier om daar toegang toe te krijgen, om het manifest te maken in onze natuurlijke wereld, is door geloof. Dat geloof komt door horen en horen door het Woord van God (Romeinen 10:17). Dat betekent dat wanneer we geloof tekortkomen, wij dit kunnen opbouwen door het proclameren van Gods Woord, totdat alle barrières van ongeloof zijn afgebroken en het wonder manifest wordt. Soms gebeurt dat direct, soms duurt het weken, soms jaren, afhankelijk van hoeveel geloof er opgebouwd moet worden, hoeveel ongeloof er afgebroken moet worden of het doel wat God met een situatie heeft. Op het moment dat ons geloof een bolwerk in geestelijke wereld wordt, dan zal het resultaat daarvan worden vrijgezet in de natuurlijke wereld.

Met dat in gedachten zijn er dus ook drie getuigen op aarde, welke worden omschreven als de Geest, het Water en het Bloed. Toch zijn dit alle drie geestelijke dingen en bevinden deze zich in de geestelijke wereld om ons heen. Ze zijn onzichtbaar voor ons, hoewel we weten dat ze wel hier op aarde zijn. Wat is dan het contactpunt en hoe kunnen wij hier 'verbinding' mee maken? Want we hebben alle drie van deze getuigen nodig en we moeten dit praktisch kunnen maken, zodat de getuigenissen zichtbaar en tastbaar worden. De antwoorden zijn simpel.

Het Bloed

In de geestelijke wereld om ons heen is het Bloed van Jezus nog steeds aanwezig en getuigd nog steeds. Het Bloed wast onze zonden weg en reinigt ons van het verleden. Wat is het contactpunt, het praktisch en tastbaar iets? Het is het Heilige Avondmaal. Hoe vaak hebben wij dit nodig? Dagelijks! Als je het vlees van de Zoon des mensen niet eet en Zijn bloed niet drinkt, heb je geen leven in jezelf. Lees Johannes 6:53, Handelingen 2:46.

Het Water

In de geestelijke wereld om ons heen is het Water nog steeds aanwezig en getuigd nog steeds. Het water reinigt en zuivert onze gedachten, het voorkomt dat we opnieuw vallen of richting vernietiging gaan. Het stelt ons in staat om geestelijk te groeien en om te groeien in geloof, wat de deur opent voor alles wat God ons te bieden heeft! Wat is het contactpunt, het praktisch en tastbaar iets? Het is het Woord van God. Je Bijbel. Hoe vaak hebben wij dit nodig? Dagelijks! Lees Hosea 4:6, Johannes 15:3.

De Geest

In de geestelijke wereld om ons heen is de Geest nog steeds aanwezig en getuigd nog steeds. De Geest heiligt ons, resulterend in volledig herstel, wat ons in staat stelt om te leven zoals God ons geschapen heeft. Op dat punt wordt de volle kracht van God vrijgezet in onze levens. Wat is het contactpunt, het praktisch en tastbaar iets? Het is Zalfolie. Hoe vaak hebben wij dit nodig? Dagelijks! Dan hebben we het over persoonlijk gebruik. Het volk Israel in het Oude Testament, Jezus Christus, Zijn discipelen, de eerste Christenen en alle Christenen tot aan de negende eeuw Zalfden zich dagelijks. Het Zalven van anderen zou alleen gedaan moeten worden zoals de Heilige Geest het leidt en opdraagt. De Zalving benadrukt het einde van rouw, volledig herstel en een nieuw begin. Lees Jesaja 10:27, Jesaja 61:3.

Het kwaad beroofde de kerk van haar kracht

Tijdens de negende eeuw heeft de duivel de kerk specifiek op deze drie getuigen aangevallen, door corrupte kerkleiders heen. Het Heilige Avondmaal werd niet langer dagelijks bediend en het werd gewone mensen verboden om dit buiten de kerkmuren te doen. Vanaf dat moment werd het een uitgeholde versie van wat het geweest was. Het Woord van God werd vertaald naar alleen het Latijn en alle gangbare talen werden strikt verboden. Zelfs de preken werden in het Latijn gedaan, wat niemand begreep. Daarmee verdween dus ook de kennis. Het persoonlijk gebruik van Zalfolie werd strikt verboden. Alleen de corrupte kerkleiders was het nog toegestaan om het te gebruiken en zij wilden dat alleen nog maar voor de zieken gebruiken. Totdat zij dit ook als een last gingen beschouwen. Vanaf dat moment zouden zij alleen nog maar de mensen Zalven die op het punt stonden te sterven. Slechts een paar decennia geleden is de Rooms Katholieke Kerk hierop teruggekomen en zijn ze de zieken weer gaan zalven. Nog steeds zijn veel Katholieken doodsbang wanneer zij Zalfolie zien, omdat ze dit associëren met de dood, terwijl het feitelijk alles te maken heeft met leven. Nadat al deze sancties in de negende eeuw waren toegepast bleef er alleen nog maar een levenloze en krachteloze kerk over. Als je het al een kerk kunt noemen. De Heilige Geest was vertrokken. Hoe is het de vijand gelukt om dit corrupte kerkleiderschap te gebruiken? Vanwege hun drang naar controle. Wat is dat? Het is toverij in vermomming, zoals Derek Prince het ooit noemde.

Wetende waarom en hoe de vijand de kerk heeft aangevallen op deze drie getuigen, neem ik dit zeer serieus. Eenieder van deze drie getuigen heeft een specifieke taak en doel. Door één of allen weg te nemen wordt de kerk wederom van haar kracht beroofd. Als de vijand dat niet via het leiderschap kan doen, dan zal hij het proberen te doen door de waarheid te gaan verdraaien, wat overigens ook de Bijbelse definitie van toverij is. Wat is de enige manier om jezelf hiertegen te beschermen? Toets alle dingen en behoud het goede.

Een drager van zegen of vloek

Ieder voorwerp kan worden gebruikt als een drager van zegen of vloek. Iedere satanist weet dit. Iedereen in het occulte weet dit. Iedere heks weet dit. Toch hebben de meeste Christenen hier geen idee van. Als ik een voorwerp neem en hier een vloek over uitspreek, om het dan weg te geven of te verkopen, dan zal de nieuwe eigenaar daar onmiddellijk de consequenties van ervaren. Meestal hebben ze geen idee waarom dit gebeurt of waar het vandaan komt. Voor ons, als discipelen van Jezus Christus, is het alleen mogelijk om te weten wat er gaande is wanneer de Heilige Geest ons openbaring geeft en de werken van de vijand ontmaskerd. Maar eerder heb ik je toch verteld dat de geestelijke wereld alleen de natuurlijke wereld kan raken door geloof, dus hoe kan zo'n vloek dan effectief zijn? Simpel. Door het geloof van degene die de vloek heeft uitgesproken.

Op dezelfde manier kunnen Gods zegeningen en vloeken ook worden overgebracht. Door het Bloed (Heilig Avondmaal), door het Water (Woord van God) en door de Geest (Zalving). In het geval van gebed voor zieken is het bijvoorbeeld het gelovige gebed dat de kracht van God vrijzet (Jakobus 5:15), niet de Zalfolie zelf. Het is een contactpunt, maar het wordt alleen geactiveerd door geloof. In dit voorbeeld van genezing spreek het over het geloof van degene die bidt. Geloof is de activator. Zonder geloof gebeurt er niets. Op dezelfde manier is ook het Heilig Avondmaal een contactpunt met de geestelijke wereld. Door deelname zet het leven vrij in een oprecht hart. Dat zijn zij die hun zonden belijden en hun schuld erkennen, zonder de schijn op te houden. Op dezelfde manier zullen zij die deelnemen met een onoprecht hart direct onder de vloek komen, wat neerkomt op zwakheid, ziekte en zelfs de dood (1 Korinthe 11:30). Feitelijk draagt de Heer je op om jezelf te oordelen of om door Hem geoordeeld te worden (vers 31). Dit zijn serieuze dingen!

Kan essentiële olie worden gebruikt als Zalfolie?

Zeer zeker niet. Het is iets totaal anders. Essentiele olie is precies wat het woord zegt, pure geurolie. Zalfolie is olijfolie (meer dan 90%) met een geur. Waarom zouden we wijn of druivensap gebruiken voor het Heilig Avondmaal? Laten we er Coca Cola van maken, toch? Waarom brood gebruiken? Laten we er een hamburger van maken, toch? Natuurlijk niet.

155

Niemand veranderd de ingrediënten van het Heilige Avondmaal. Op dezelfde manier kan ook essentiële olie niet gebruikt worden als Zalfolie. Maar waarom olijfolie? Heeft het een speciale betekenis? Jazeker.

Hoe meer we sterven aan onszelf, hoe meer ruimte het aan God zal bieden in onze levens. Het is geen makkelijke weg en geen makkelijk proces. Vaak zal het pijnlijk zijn. Jouw dromen, jouw emoties, jouw wil en jouw verlangens zullen op momenten compleet verpletterd lijken te zijn. Misschien zelfs wel voor een lange tijd. In deze tijd zijn we zo gewend aan direct resultaat dat we totaal vergeten dat de meeste mensen in de Bijbel jaren hebben moeten wachten voordat ze ook maar iets begonnen te zien of ervaren van Gods beloften. Hun dromen, emoties, wil en verlangens werden voor een hele lange periode compleet verpletterd. Maar het resultaat van de belofte die volgde was zoveel groter dan hun lijden.

Wij leren door beproevingen, door ellende en door pijn. Dat is hoe wij geestelijk worden gevormd. Dat is de manier om naar geestelijke volwassenheid te groeien en naar de toename van Gods Zalving in onze levens. Het beeld van de olie is daar een voorbeeld van. Al het potentieel, alle talenten en zelfs de Zalving zijn door God in je leven gelegd. Maar de enige manier om het eruit te krijgen en om de meest pure vorm ervan te krijgen, is op precies dezelfde manier hoe de olie wordt geëxtraheerd. Net zoals de olijven moeten worden verpletterd om de olie eruit te krijgen, moet ook ons 'vlees' worden verpletterd, naar het voorbeeld dat Jezus Christus ons gaf. Net zoals de versgemalen olie moet worden verhit om alle vuil te verwijderen en het zuiver te maken, moeten wij ook op dezelfde manier door het vuur gaan. Voor alle duidelijkheid, dat is niet hetzelfde vuur als het hellevuur. Het vuur van God kan het best worden omschreven als het zuiverende en reinigende vuur van zijn passie en liefde. Hoewel het op dit moment pijnlijk kan zijn, zal het je veranderen in alles wat God wil dat je bent. Het spreekt van Gods kracht, vrijgezet in jouw zwakte. Echte gezondheid en kracht komen van boven.

Wie krijgt de eer?
Dan is er nog een zeer belangrijk aspect. Wie krijgt de eer? Eren we de schepping of de Schepper? Prijzen we de genezing of de Geneesheer?

Aanbidden we de bevrijding of de Bevrijder? Veel essentiële oliën hebben natuurlijke genezende eigenschappen. Net zoals we weten dat het gezond voor ons is om groenten en fruit te eten. In het meest gunstige geval zal God worden gedankt voor het maken van deze natuurlijke bronnen, maar de eer gaat naar de olie, vanwege de genezende eigenschappen. Er is geen geloof voor nodig. Helemaal niets. Met of zonder geloof zal de essentiële olie doen waarvoor het gemaakt is. Het is het klassieke geval van oorzaak en gevolg. De Zalfolie echter, de echte Zalfolie dus, die gemaakt is van olijfolie, zal op zichzelf helemaal niets doen. Het bezit totaal geen genezende kracht en het is ook geen medicijn. Alleen wanneer het met geloof gebruikt wordt, dan wordt de kracht van God vrijgezet. Raad eens Wie dan de eer krijgt? God! Want het is Zijn kracht die redt, geneest, bevrijdt en herstelt. Dat heeft helemaal niets met de Zalfolie te maken en alles met Zijn liefde voor ons. Het gaat om de juiste focus en doen wat Hij zegt. God heeft er bewust voor gekozen om iets te kiezen wat op zichzelf zwak en krachteloos is.

Daar bovenop komt ook nog dat ik met mijn eigen ogen heb gezien dat er vele dubieuze oliën tussen de essentiële oliën zitten. Ik heb veel symbolen en benamingen op diverse flesjes gezien die ook worden gebruikt in het satanisme, occultisme en in hekserij. Dan heb ik het over het meest bekende merk van essentiële oliën. Ik weet dat deze dingen kracht hebben en de levens beïnvloeden van de mensen die het gebruiken. Het is een open deur voor de vijand om je leven binnen te komen, wanneer je er vrijwillig voor kiest om deze symbolen en benamingen in je huis toe te laten of de olie op je lichaam aanbrengt. Ik zeg niet dat alle essentiële oliën fout zijn, ik zeg dat het een mix is van goed en fout en dat je erg op je hoede moet zijn in de keuze van oliën die je maakt. Je kunt gewoon niet weten met welke (echte) intentie een essentiële olie gemaakt is. Welke woorden zijn er over de olie uitgesproken? Zijn er woorden over de olie uitgesproken? Draagt het een vloek met zich mee? Wees ervan verzekerd dat er een reden is waarom satanisten, occultisten en heksen deze oliën gebruiken en ze in sommige gevallen zelfs maken.

Wel of niet essentiële oliën gebruiken

Ik ga niet zeggen of je essentiële olie wel of niet mag of zou moeten gebruiken. Dan wordt het al heel snel wettisch en daar wil ik verre van blijven. Als Christen hebben wij een gemeenschappelijke Vriend en dat is de Heilige Geest. Als je dan toch essentiële oliën wil gebruiken, dan wil ik je aanmoedigen om iedere geur en ieder flesje samen met de Heilige Geest te toetsen. Vraag Hem eenvoudig om de plannen van vijand te openbaren en te ontmaskeren en om je open ogen te geven. Op die manier kun je weten welke essentiële oliën je veilig kunt gebruiken en welke niet. Maar wanneer je ze gebruikt, gebruik ze dan voor je eigen doel en niet voor de Zalving.

Gebruik ikzelf essentiële oliën? Nee. Ik veroordeel de mensen die het wel gebruiken niet, maar persoonlijk zal ik het nooit gebruiken. Het is niet dat ik er bang voor ben, ik voel me er gewoon niet toe aangetrokken. Nogmaals, dat is een persoonlijk iets. Wat ik zeg zou jouw keuze om het wel of niet te gebruiken niet moeten beïnvloeden. Het enige wat ertoe doet is wat God erover te zeggen heeft. Ik bid dat je op dit moment een helder zicht mag ontvangen, in de machtige naam van JEZUS CHRISTUS! Nu weet je het. Nu ben je je bewust van de verschillen. Nu is het aan jou om dit alles te gaan toetsen.

ZALVING IN DE BIJBEL

Voordat ik dit boek begon te schrijven, had de Heer mij al duidelijk gemaakt dat er meer was. Hij wilde echter dat ik zelf op zoek zou gaan, voordat Hij de antwoorden en inzichten zou geven. Inmiddels was ik al ver genoeg om te weten dat wanneer God zoiets zegt, er dus ook meer te vinden moet zijn. Het belangrijkste uitgangspunt blijft voor mij altijd het Woord van God. Al het onderwijs moet Bijbels te onderbouwen zijn, maar op z'n minst niet in strijd zijn met wat het Woord zegt. Dus begon ik aan mijn zoektocht door de Bijbel heen en zocht ik alle verzen die spraken over de zalving, zalfolie, de olijfboom enz. Kortom, alles wat ook maar enigszins met dit onderwerp te maken heeft. Om uw zoektocht te vereenvoudigen, maar met name om u aan te moedigen om ook zelf meer onderzoek te doen, treft u op de volgende pagina's alle Bijbelverzen aan die ik gevonden heb.

Oude Testament

En de duif kwam naar hem toe tegen de avond; en zie, er was een afgebroken olijfblad in haar snavel; daaraan merkte Noach dat het water op de aarde afgenomen was.
Genesis 8:11

Daarna stond Jakob 's morgens vroeg op. Hij nam de steen waar hij zijn hoofdkussen van gemaakt had, zette die overeind als een gedenkteken en goot er olie op.
Genesis 28:18

Ik ben de God van Bethel, waar u een gedenkteken gezalfd hebt, waar u Mij een gelofte gedaan hebt. Welnu, sta op, vertrek uit dit land en keer terug naar het land van uw familiekring.
Genesis 31:13

Jakob richtte op de plaats waar God met hem gesproken had een

gedenkteken op, een stenen gedenkteken. Hij goot er een plengoffer over uit en goot er olie over.
Genesis 35:14

maar in het zevende jaar moet u het met rust laten en het braak laten liggen, zodat de armen onder uw volk kunnen eten; en het overschot ervan kunnen de dieren van het veld eten. U moet hetzelfde doen met uw wijngaard en met uw olijfbomen.
Exodus 23:11

olie voor de lamp, specerijen voor de zalfolie en specerijen voor het geurige reukwerk
Exodus 25:6

Ú moet de Israëlieten gebieden dat zij zuivere olie, uit gestoten olijven, voor u meenemen voor het licht, om voortdurend een lamp te laten branden.
Exodus 27:20

U moet ze uw broer Aäron en zijn zonen met hem aantrekken en hen zalven, wijden en heiligen, zodat zij Mij als priester kunnen dienen.
Exodus 28:41

ongezuurd brood, ongezuurde koeken gemengd met olie, en ongezuurde platte koeken met olie bestreken. U moet ze maken van meelbloem. v2

Dan moet u de zalfolie nemen en die op zijn hoofd gieten. Zo moet u hem zalven. v7

Dan moet u wat van het bloed nemen dat op het altaar is, en van de zalfolie, en dat sprenkelen op Aäron, op zijn kleding, op zijn zonen en op de kleding van zijn zonen met hem. Dan zal hij geheiligd zijn, hij, zijn kleding, zijn zonen en de kleding van zijn zonen met hem. v21

Neem dan één rond brood, één met olie aangemaakte broodkoek en één platte koek uit de mand met de ongezuurde broden die voor het aangezicht van de HEERE is. v23

*En de geheiligde kleding die van Aäron is, moet voor zijn zonen na hem
zijn, om hen daarin te zalven en hen daarin tot priester te wijden.* v29

*U moet ook elke dag een jonge stier als zondoffer ter verzoening bereiden
en het altaar van zonde reinigen door er verzoening voor te doen; u moet
het dan zalven om het te heiligen.* v36

*met een tiende efa meelbloem, gemengd met een kwart hin uit olijven
gestoten olie, en een plengoffer van een kwart hin wijn, voor het ene lam.*
v40

Exodus 29:2, 7, 21, 23, 29, 36, 40

*Verder sprak de HEERE tot Mozes: Wat u betreft, neem voor uzelf de beste
specerijen: vijfhonderd sikkel vloeibare mirre, en half zoveel ervan, dus
tweehonderdvijftig sikkel geurige kaneel, tweehonderdvijftig sikkel geurige
kalmoes, ook vijfhonderd sikkel kassia, gerekend volgens de sikkel van het
heiligdom, en een hin olijfolie. U moet daarvan heilige zalfolie maken, een
zorgvuldig bereid mengsel, werk van een zalfbereider. Het moet heilige
zalfolie zijn. U moet daarmee de tent van ontmoeting zalven, de ark van
de getuigenis, de tafel met alle bijbehorende voorwerpen, de kandelaar met
de bijbehorende voorwerpen, het reukofferaltaar, het brandofferaltaar met
alle bijbehorende voorwerpen, en het wasvat met zijn voetstuk. U moet
ze dan heiligen, zodat ze allerheiligst zijn; ieder die ze aanraakt, wordt
heilig. U moet ook Aäron en zijn zonen zalven, en hen heiligen om Mij
als priester te dienen. Vervolgens moet u tot de Israëlieten spreken: Dit is
heilige zalfolie voor Mij, al uw generaties door. Een mensenlichaam mag
er niet mee gezalfd worden; ook mag u niet iets soortgelijks maken volgens
de bereidingswijze van deze olie. Ze is heilig, heilig moet ze voor u zijn.
Ieder die zo'n mengsel maakt als dit, of die daarvan iets op een onbevoegde
strijkt, moet uitgeroeid worden uit zijn volksgenoten.*
Exodus 30:22-33

*de zalfolie en het geurige reukwerk voor het heiligdom. Overeenkomstig
alles wat Ik u geboden heb, moeten zij het maken.*
Exodus 31:11

olie voor de lamp, specerijen voor de zalfolie en specerijen voor het geurige reukwerk; v8

de kandelaar voor het licht en de bijbehorende voorwerpen, zijn lampen en de olie voor het licht; het reukofferaltaar en zijn draagbomen, de zalfolie, het geurige reukwerk, het gordijn van de ingang voor de ingang van de tabernakel; v14,15

olie voor de lamp, specerijen voor de zalfolie en specerijen voor het geurige reukwerk; v8

de kandelaar voor het licht en de bijbehorende voorwerpen, zijn lampen en de olie voor het licht; v14

het reukofferaltaar en zijn draagbomen, de zalfolie, het geurige reukwerk, het gordijn van de ingang voor de ingang van de tabernakel; v15

specerijen en olie voor de lamp, voor de zalfolie en voor het geurige reukwerk. v28
Exodus 35:8, 14, 15, 28

Ook maakte hij de heilige zalfolie en zuiver geurig reukwerk, werk van een zalfbereider.
Exodus 37:29

het gouden altaar, de zalfolie, het geurige reukwerk, het gordijn voor de ingang van de tent
Exodus 39:38

Dan moet u de zalfolie nemen en de tabernakel met alles wat zich erin bevindt, zalven. U moet hem heiligen met alle bijbehorende voorwerpen, dan zal hij heilig zijn. Vervolgens moet u het brandofferaltaar en alle bijbehorende voorwerpen zalven. U moet het altaar heiligen, dan zal het altaar allerheiligst zijn. Daarna moet u het wasvat met zijn voetstuk zalven; u moet ze heiligen. Dan moet u Aäron en zijn zonen bij de ingang van de tent van ontmoeting laten komen, en hen met het water wassen. U moet Aäron de geheiligde kleding aantrekken, hem zalven, en hem heiligen, zodat hij Mij als priester kan dienen. Vervolgens moet u zijn

zonen naderbij laten komen en hun de onderkleren aantrekken. Dan moet
u hen zalven zoals u hun vader gezalfd hebt, zodat zij Mij als priester
kunnen dienen. En het zal gebeuren dat hun zalving voor hen een eeuwig
priesterambt zal betekenen, al hun generaties door.
Exodus 40:9-15

Wanneer een persoon de HEERE een graanoffer als offergave aanbiedt,
moet zijn offergave meelbloem zijn. Dan moet hij er olie op gieten en er
wierook op leggen. Dan moet hij het naar de zonen van Aäron, de priesters,
brengen. En één van hen moet een handvol nemen van die meelbloem
en die olie, met al de bijbehorende wierook, en de priester moet dit als
gedenkoffer ervan in rook laten opgaan op het altaar. Het is een vuuroffer,
een aangename geur voor de HEERE. Wat nu van het graanoffer overblijft,
is voor Aäron en zijn zonen. Het is het allerheiligste van de vuuroffers van
de HEERE. En wanneer u als offergave een graanoffer aanbiedt dat in de
oven gebakken is, moeten het ongezuurde koeken van meelbloem zijn, met
olie gemengd, en ongezuurde platte koeken, met olie bestreken. Als uw
offergave echter een graanoffer is dat op de bakplaat is bereid, moet het van
meelbloem zijn, met olie gemengd en ongezuurd. Breek het in stukken en
giet er olie op. Het is een graanoffer. Maar als uw offergave een graanoffer
is dat in de pan is bereid, moet het bereid worden uit meelbloem met olie.
v1-7

U moet er daarna olie bij doen en er wierook op leggen. Het is een
graanoffer. En de priester moet een deel van de gebroken graankorrels en
van de olie, met al de bijbehorende wierook, als gedenkoffer in rook laten
opgaan. Het is een vuuroffer voor de HEERE. v15-16
Leviticus 2:1, 2, 4, 5, 6, 7, 15, 16

– ook als de priester, de gezalfde, gezondigd heeft, zodat het volk schuldig
wordt – dan moet hij voor zijn zonde, die hij begaan heeft, als zondoffer
aan de HEERE een jonge stier aanbieden – het jong van een rund – zonder
enig gebrek. v3

Vervolgens moet de priester, de gezalfde, een deel van het bloed van de
jonge stier nemen en het naar de tent van ontmoeting brengen. v5

Dan moet de priester, de gezalfde, een deel van het bloed van de jonge stier naar de tent van ontmoeting brengen. v16
Leviticus 4:3, 5, 16

Maar als zijn vermogen ontoereikend is voor twee tortelduiven of twee jonge duiven, dan moet degene die gezondigd heeft, als offergave het tiende deel van een efa meelbloem als zondoffer brengen. Hij mag er geen olie op doen en er ook geen wierook op leggen, want het is een zondoffer.
Leviticus 5:11

Dan moet hij er een handvol van nemen, dus een deel van de meelbloem van het graanoffer, een deel van de bijbehorende olie en van al de wierook die bij het graanoffer hoort. Vervolgens moet hij het op het altaar in rook laten opgaan. Het is een aangename geur tot een gedachtenis voor de HEERE. v15

Dit is de offergave van Aäron en zijn zonen, die zij aan de HEERE moeten aanbieden op de dag dat hij gezalfd wordt: het tiende deel van een efa meelbloem als een voortdurend graanoffer. 's Morgens de ene helft ervan, en 's avonds de andere helft ervan. Het moet op een bakplaat met olie gemengd bereid worden. U moet het door elkaar gemengd aanbieden. De gebakken broden moet u in stukken als graanoffer brengen, als een aangename geur voor de HEERE. En de priester die uit zijn zonen in zijn plaats de gezalfde zal zijn, moet dit doen. Het is een eeuwige verordening. Het moet voor de HEERE geheel en al in rook opgaan. v20-22
Leviticus 6:15, 20, 21, 22

Maar elk graanoffer dat met olie is gemengd of droog is, is voor alle zonen van Aäron, zowel voor de een als voor de ander. v10

Als iemand het als lofoffer aanbiedt, dan moet hij naast het lofoffer ongezuurde koeken aanbieden, met olie gemengd, ongezuurde platte koeken met olie bestreken en koeken van door elkaar gemengd meelbloem met olie gemengd. v12

Dit gebood de HEERE hun te geven van de kant van de Israëlieten, op de dag dat Hij hen zalfde. Laat het een eeuwige verordening zijn, al hun

generaties door. v36
Leviticus 7:10, 12, 36

Neem Aäron en met hem zijn zonen, de kleding en de zalfolie, de jonge stier van het zondoffer, de twee rammen en de mand met de ongezuurde broden... v2

Toen nam Mozes de zalfolie en zalfde de tabernakel met alles wat daarin was, en heiligde ze. Hij sprenkelde daarvan zeven keer op het altaar, en zalfde het altaar met alle bijbehorende voorwerpen, het wasvat en het bijbehorende voetstuk, om dat alles te heiligen. Vervolgens goot hij van de zalfolie op het hoofd van Aäron, en hij zalfde hem om hem te heiligen. v10-12

Ook nam hij uit de mand met de ongezuurde broden, die voor het aangezicht van de HEERE was, één ongezuurde koek, een met olie aangemaakte koek en één platte koek, en hij legde ze op de vetdelen en op de rechterachterbout. v26

Vervolgens nam Mozes van de zalfolie en van het bloed dat op het altaar was, en sprenkelde het op Aäron, op zijn kleding, ook op zijn zonen en op de kleding van zijn zonen. Zo heiligde hij Aäron, zijn kleding, en met hem zijn zonen en de kleding van zijn zonen. v30
Leviticus 8:2, 10, 11, 12, 26, 30

verder een rund en een ram als dankoffer om voor het aangezicht van de HEERE te offeren, en een graanoffer met olie gemengd, want vandaag zal de HEERE aan u verschijnen.
Leviticus 9:4

Jullie mogen ook niet van de ingang van de tent van ontmoeting weggaan, anders zullen jullie sterven, want de zalfolie van de HEERE is op jullie. En zij deden overeenkomstig het woord van Mozes.
Leviticus 10:7

En op de achtste dag moet hij twee lammeren zonder enig gebrek nemen en een ooilam zonder enig gebrek van een jaar oud, en ook drie tiende efa bloem als graanoffer, met olie gemengd, en een log olie. v10

Dan moet de priester het ene lam nemen en het als schuldoffer aanbieden met de log olie. Hij moet die als beweegoffer voor het aangezicht van de HEERE bewegen. v12

De priester moet ook een deel van de log olie nemen en het in de linkerhand van de priester gieten. Dan moet de priester zijn rechtervinger dopen in een deel van de olie die in zijn linkerhand is, en een deel van die olie met zijn vinger zeven keer sprenkelen voor het aangezicht van de HEERE. En van het overige van de olie die op zijn hand is, moet de priester op de rechteroorlel strijken van hem die gereinigd wordt, op de duim van zijn rechterhand en op de grote teen van zijn rechtervoet, boven op het bloed van het schuldoffer. v15-17

Leviticus 14:10, 12, 15, 16, 17

En de priester die men gezalfd en gewijd heeft om in de plaats van zijn vader als priester te dienen, moet de verzoening doen, als hij de linnen kleren, de heilige kleren, heeft aangetrokken.

Leviticus 16:32

De priester die de hoogste onder zijn broeders is, over wiens hoofd de zalfolie is uitgegoten en die gewijd is om de priesterkleding aan te trekken, mag zijn hoofdhaar niet los laten hangen en zijn kleding niet scheuren. Hij mag bij geen enkel lichaam van een dode komen. Zelfs met zijn vader en met zijn moeder mag hij zich niet verontreinigen. Hij mag niet uit het heiligdom weggaan, zodat hij het heiligdom van zijn God niet ontheiligt, want de wijding van de zalfolie van zijn God is op hem. Ik ben de HEERE.

Leviticus 21:10-12

Gebied de Israëlieten dat zij zuivere olie, uit gestoten olijven, naar u toe brengen voor het licht, om voortdurend een lamp te laten branden.

Leviticus 24:2

Dit zijn de namen van de zonen van Aäron, de gezalfde priesters, die gewijd zijn om als priester te dienen.

Numeri 3:3

Dan moeten zij een blauwpurperen kleed nemen en daarmee de kandelaar die het licht draagt, bedekken, en de bijbehorende lampen, de bijbehorende snuiters, de bijbehorende vuurschalen, en alle olievaatjes waarmee ze daaraan de dienst verrichten. v9

Eleazar nu, de zoon van de priester Aäron, heeft het opzicht over de olie voor het licht, het geurige reukwerk, het voortdurende graanoffer en de zalfolie. Hij heeft het opzicht over heel de tabernakel en alles wat zich daarin bevindt, over het heiligdom en de bijbehorende voorwerpen. v16
Numeri 4:9, 16

dan moet de man zijn vrouw bij de priester brengen en haar offergave voor haar meebrengen: een tiende efa gerstemeel. Hij mag er geen olie op gieten en er geen wierook op leggen, want het is een graanoffer voor achterdocht, een graanoffer van gedachtenis, dat herinnert aan de ongerechtigheid.
Numeri 5:15

Verder een mand met ongezuurd brood, koeken van meelbloem, met olie gemengd, en ongezuurde platte koeken met olie bestreken, en het bijbehorende graanoffer en de bijbehorende plengoffers.
Numeri 6:15

Het was op de dag dat Mozes gereed was met het opbouwen van de tabernakel, dat hij die zalfde en die heiligde met alle bijbehorende voorwerpen, samen met het altaar en alle bijbehorende voorwerpen; hij zalfde die en heiligde die. v1

En de leiders boden hun offergave ter inwijding van het altaar aan, op de dag dat dit werd gezalfd; de leiders boden hun offergave vóór het altaar aan. v10

Zijn offergave was: één zilveren schotel, waarvan het gewicht honderddertig sikkel was; één zilveren sprengbekken van zeventig sikkel, gerekend volgens de sikkel van het heiligdom; ze waren beide vol meelbloem gemengd met olie, als graanoffer. v13

Hij bracht als zijn offergave: één zilveren schotel, waarvan het gewicht

167

honderddertig sikkel was; één zilveren sprengbekken van zeventig sikkel, gerekend volgens de sikkel van het heiligdom; ze waren beide vol meelbloem gemengd met olie, als graanoffer. v19

Zijn offergave was: één zilveren schotel, waarvan het gewicht honderddertig sikkel was; één zilveren sprengbekken van zeventig sikkel, gerekend volgens de sikkel van het heiligdom; ze waren beide vol meelbloem gemengd met olie, als graanoffer. v25

Zijn offergave was: één zilveren schotel, waarvan het gewicht honderddertig sikkel was; één zilveren sprengbekken van zeventig sikkel, gerekend volgens de sikkel van het heiligdom; ze waren beide vol meelbloem gemengd met olie, als graanoffer. v31

Zijn offergave was: één zilveren schotel, waarvan het gewicht honderddertig sikkel was; één zilveren sprengbekken van zeventig sikkel, gerekend volgens de sikkel van het heiligdom; ze waren beide vol meelbloem gemengd met olie, als graanoffer. v37

Zijn offergave was: één zilveren schotel, waarvan het gewicht honderddertig sikkel was; één zilveren sprengbekken van zeventig sikkel, gerekend volgens de sikkel van het heiligdom; ze waren beide vol meelbloem gemengd met olie, als graanoffer. v43

Zijn offergave was: één zilveren schotel, waarvan het gewicht honderddertig sikkel was; één zilveren sprengbekken van zeventig sikkel, gerekend volgens de sikkel van het heiligdom; ze waren beide vol meelbloem gemengd met olie, als graanoffer. v49

Zijn offergave was: één zilveren schotel, waarvan het gewicht honderddertig sikkel was; één zilveren sprengbekken van zeventig sikkel, gerekend volgens de sikkel van het heiligdom; ze waren beide vol meelbloem gemengd met olie, als graanoffer. v55

Zijn offergave was: één zilveren schotel, waarvan het gewicht honderddertig sikkel was; één zilveren sprengbekken van zeventig sikkel, gerekend volgens de sikkel van het heiligdom; ze waren beide vol meelbloem gemengd met olie, als graanoffer. v61

Zijn offergave was: één zilveren schotel, waarvan het gewicht honderddertig sikkel was; één zilveren sprengbekken van zeventig sikkel, gerekend volgens de sikkel van het heiligdom; ze waren beide vol meelbloem gemengd met olie, als graanoffer. v67

Zijn offergave was: één zilveren schotel, waarvan het gewicht honderddertig sikkel was; één zilveren sprengbekken van zeventig sikkel, gerekend volgens de sikkel van het heiligdom; ze waren beide vol meelbloem gemengd met olie, als graanoffer. v73

Zijn offergave was: één zilveren schotel, waarvan het gewicht honderddertig sikkel was; één zilveren sprengbekken van zeventig sikkel, gerekend volgens de sikkel van het heiligdom; ze waren beide vol meelbloem gemengd met olie, als graanoffer. v79

Dit was de offergave van de leiders van Israël ter inwijding van het altaar op de dag dat het gezalfd werd: twaalf zilveren schotels, twaalf zilveren sprengbekkens, twaalf gouden schalen. v84

En al het vee voor het dankoffer bestond uit vierentwintig jonge stieren, zestig rammen, zestig bokken, zestig lammeren van een jaar oud. Dit was de offergave ter inwijding van het altaar, nadat het gezalfd was. v88
Numeri 7:1, 10, 13, 19, 25, 31, 37, 43, 49, 55, 61, 67, 73, 79, 84, 88

Daarna moeten zij een jonge stier nemen, het jong van een rund, met het bijbehorende graanoffer van meelbloem gemengd met olie; en een tweede jonge stier, het jong van een rund, moet u als zondoffer nemen.
Numeri 8:8

Het volk liep overal rond, verzamelde het, en maalde het met handmolens, of stampte het fijn met een stamper. Dan kookte men het in een pot en maakte er koeken van. De smaak ervan leek op de smaak van baksel in olie.
Numeri 11:8

dan zal hij, die zijn offergave aan de HEERE aanbiedt, een graanoffer van
een tiende efa meelbloem, gemengd met een kwart hin olie, aanbieden. v4

En bij een ram moet u een graanoffer doen van twee tiende efa meelbloem,
gemengd met olie, een derde hin; v6

dan moet men bij het jong van het rund een graanoffer aanbieden van drie
tiende efa meelbloem, gemengd met een halve hin olie; v9
Numeri 15:4, 6, 9

Al het beste van de olie, en al het beste van de nieuwe wijn en het koren,
hun eerstelingen, die zij de HEERE zullen geven, Ik geef het u.
Numeri 18:12

met een tiende efa meelbloem als graanoffer, gemengd met een kwart hin
gestoten olie. v5

Maar op de sabbatdag twee lammeren van een jaar oud, zonder enig
gebrek, met twee tiende efa meelbloem als graanoffer, met olie gemengd, en
het bijbehorende plengoffer. v9

Verder drie tiende efa meelbloem per jonge stier als graanoffer, met olie
gemengd, en twee tiende efa meelbloem als graanoffer, met olie gemengd,
per ram... v12
Numeri 28:5, 9, 12

De gemeenschap moet hem die een doodslag begaan heeft, redden uit de
hand van de bloedwreker, en de gemeenschap moet hem laten terugkeren
naar zijn vrijstad, waarheen hij gevlucht was. Dan moet hij daar blijven
tot de dood van de hogepriester, die men met de heilige olie gezalfd heeft.
Numeri 35:25

huizen, vol van allerlei kostbare dingen, waarmee u ze niet gevuld hebt,
uitgehakte putten, die u niet uitgehakt hebt, en wijngaarden en olijfgaarden,
die u niet geplant hebt – en u gegeten hebt en verzadigd bent...
Deuteronomium 6:11

Hij zal u liefhebben, u zegenen en u talrijk maken; Hij zal de vrucht van uw schoot zegenen en de vrucht van uw land, uw koren, uw nieuwe wijn en uw olie, de dracht van uw koeien en de jongen van uw kleinvee, in het land dat Hij uw vaderen gezworen heeft u te geven.
Deuteronomium 7:13

een land met tarwe en gerst, wijnstokken, vijgenbomen en granaatappels; een land met olierijke olijfbomen en honing;
Deuteronomium 8:8

at Ik regen voor uw land zal geven op zijn tijd, vroege regen en late regen, zodat u uw koren, uw nieuwe wijn en uw olie kunt inzamelen.
Deuteronomium 11:14

U mag binnen uw poorten niet de tienden van uw koren, van uw nieuwe wijn en van uw olie eten, evenmin de eerstgeborenen van uw runderen en van uw kleinvee of enige van uw gelofteoffers, die u beloofd hebt, ook niet uw vrijwillige gaven of de hefoffers van uw hand.
Deuteronomium 12:17

Voor het aangezicht van de HEERE, uw God, op de plaats die Hij zal uitkiezen om Zijn Naam daar te laten wonen, moet u de tienden van uw koren, van uw nieuwe wijn en van uw olie, en de eerstgeborenen van uw runderen en van uw kleinvee eten, om de HEERE, uw God, te leren vrezen, alle dagen.
Deuteronomium 14:23

Ook de eerstelingen van uw koren, uw nieuwe wijn en uw olie, en de eerstelingen van de wol van uw kleinvee moet u hem geven...
Deuteronomium 18:4

Wanneer u uw olijven afslaat, mag u de takken daarna niet nauwkeurig afzoeken. Het is voor de vreemdeling, de wees en de weduwe.
Deuteronomium 24:20

Olijfbomen zult u hebben in heel uw grondgebied, maar u zult u niet met olie zalven, want uw olijven zullen afvallen. v40

Het zal de vrucht van uw dieren en de vrucht van uw land opeten, totdat u weggevaagd bent. Het zal u geen koren, nieuwe wijn of olie overlaten, noch de dracht van uw koeien en de jongen van uw kleinvee, totdat Hij u heeft omgebracht. v51
Deuteronomium 28:40, 51

Hij liet hem rijden op de hoogten van de aarde, en hij at de opbrengsten van het veld. Hij liet hem honing zuigen uit de rots, en olie uit hard gesteente;
Deuteronomium 32:13

Over Aser zei hij: Moge Aser gezegend zijn met zonen; laten zijn broers hem goedgezind zijn en hij zijn voet in olie dompelen.
Deuteronomium 33:24

Zo heb Ik u een land gegeven waarvoor u zich niet ingespannen hebt, en steden die u niet gebouwd hebt, en u woont erin. U eet van wijngaarden en olijfbomen die u niet geplant hebt.
Jozua 24:13

Eens gingen de bomen op weg om een koning over zich te zalven. Ze zeiden tegen de olijfboom: Wees koning over ons! Maar de olijfboom zei tegen hen: Zou ik mijn olie opgeven, die God en de mensen in mij prijzen, en zou ik weggaan om boven de andere bomen te zweven? v8-9

En de doornstruik zei tegen de bomen: Als u mij naar waarheid tot koning over u zalft, kom dan en neem de toevlucht in mijn schaduw. Maar zo niet, laat er dan vuur uitgaan van de doornstruik, dat de ceders van de Libanon zal verteren. v15
Richteren 9:8, 9, 15

Hij stak de fakkels aan en liet ze door het staande koren van de Filistijnen lopen. Zo stak hij zowel de korenhopen als het staande koren in brand, alsook de wijngaarden en olijfbomen.
Richteren 15:5

Was je dan en zalf je en doe je beste kleren aan en ga naar de dorsvloer, maar zorg ervoor dat je niet door de man wordt opgemerkt, voordat hij

klaar is met eten en drinken.
Ruth 3:3

*Zij die de HEERE ter verantwoording roepen, zullen verpletterd worden;
Hij zal in de hemel over hen donderen. De HEERE zal rechtspreken over de
einden der aarde; Hij zal Zijn Koning kracht geven, en de hoorn van Zijn
Gezalfde opheffen. v10*

*Ik zal voor Mij een trouwe priester doen opstaan; die zal doen zoals het in
Mijn hart en Mijn ziel is. Voor hem zal Ik een blijvend huis bouwen, en hij
zal alle dagen voor de ogen van Mijn gezalfde wandelen. v35*
1 Samuël 2:10, 35

*Uw akkers, uw wijngaarden en uw olijfgaarden, de beste zal hij nemen en
ze aan zijn dienaren geven.*
1 Samuël 8:14

*Morgen omstreeks deze tijd zal Ik een man uit het land van Benjamin naar
u toe zenden; die moet u tot vorst zalven over Mijn volk Israël. Hij zal Mijn
volk verlossen uit de hand van de Filistijnen, want Ik heb naar Mijn volk
omgezien, omdat hun geschreeuw om hulp tot Mij gekomen is. v16*

*Terwijl zij afdaalden naar de rand van de stad, zei Samuel tegen Saul: Zeg
tegen de knecht dat hij alvast voor ons uitgaat – toen ging hij weg – maar
blijft u nu staan, dan zal ik u het woord van God laten horen. v27*
1 Samuël 9:16, 27

*Toen nam Samuel een oliekruik, goot die leeg op zijn hoofd, kuste hem en
zei: Is het niet zo, dat de HEERE u tot een vorst over Zijn eigendom gezalfd
heeft?*
1 Samuël 10:1

*Zie, hier ben ik, leg getuigenis tegen mij af in de tegenwoordigheid van de
HEERE en in de tegenwoordigheid van Zijn gezalfde: van wie heb ik een
rund afgenomen, van wie heb ik een ezel afgenomen, wie heb ik onderdrukt,
wie heb ik mishandeld, uit wiens hand heb ik zwijggeld aangenomen om
mijn ogen voor hem te sluiten? Dan zal ik het u teruggeven. v3*

Toen zei hij tegen hen: De HEERE is getuige tegen u, en Zijn gezalfde is op deze dag getuige, dat u bij mij niets gevonden hebt. En het volk zei: Hij is getuige. v5
1 Samuël 12:3, 5

Toen zei Samuel tegen Saul: De HEERE heeft mij gezonden om u tot koning te zalven over Zijn volk, over Israël. Luister daarom nu naar de woorden van de HEERE. v1

En Samuel zei: Is het niet zo, dat u, hoewel klein in eigen oog, hoofd van de stammen van Israël geworden bent, en dat de HEERE u tot koning over Israël gezalfd heeft? v17
1 Samuël 15:1, 17

Toen zei de HEERE tegen Samuel: Hoelang rouwt u om Saul, die Ík immers verworpen heb, zodat hij geen koning over Israël meer zal zijn? Vul uw hoorn met olie, en ga op weg; Ik zend u naar Isaï, de Bethlehemiet, want Ik heb een koning voor Mij gezien onder zijn zonen. v1

Dan moet u Isaï voor het offer uitnodigen en zal Ik u te kennen geven wat u doen moet: u moet voor Mij zalven die Ik u zeggen zal. v3

En het gebeurde, toen zij kwamen, dat hij Eliab zag en dacht: Deze is vast en zeker voor de HEERE Zijn gezalfde. v6

Toen stuurde hij een bode en bracht hem. Hij was rossig, had mooie ogen en was knap om te zien. De HEERE zei: Sta op, zalf hem, want deze is het. Toen nam Samuel de oliehoorn en zalfde hem te midden van zijn broers. En de Geest van de HEERE werd vaardig over David vanaf die dag en voortaan. Daarna stond Samuel op en ging naar Rama. v12-13
1 Samuël 16:1, 3, 6, 12, 13

En hij zei tegen zijn mannen: Moge de HEERE er geen sprake van laten zijn dat ik ooit zoiets zou doen bij mijn heer, bij de gezalfde van de HEERE, dat ik mijn hand tegen hem uit zou steken, want hij is de gezalfde van de HEERE. v7

Zie, deze dag hebben uw ogen gezien dat de HEERE u vandaag in mijn hand gegeven heeft in de grot. Men zei dat ik u doden moest, maar ik heb u gespaard, want ik zei: Ik zal mijn hand niet uitsteken tegen mijn heer; hij is immers de gezalfde van de HEERE. v11
1 Samuël 24:7, 11

David zei echter tegen Abisaï: Breng hem niet om; want wie sloeg zijn hand aan de gezalfde van de HEERE en is onschuldig gebleven? v9

Moge de HEERE er geen sprake van laten zijn dat ik mijn hand sla aan de gezalfde van de HEERE. Neem echter wel de speer mee, die bij zijn hoofdeinde staat, en de waterkruik, en laten wij gaan. v11

Wat u gedaan hebt, is niet goed; zo waar de HEERE leeft, u bent des doods schuldig, omdat u niet over uw heer, de gezalfde van de HEERE, gewaakt hebt! En nu, kijk waar de speer van de koning is, en de waterkruik, die aan zijn hoofdeinde stond. v16

Moge de HEERE ieder zijn gerechtigheid en trouw vergelden, want de HEERE had u vandaag in mijn hand gegeven, maar ik heb mijn hand niet naar de gezalfde van de HEERE willen uitstrekken. v23
1 Samuël 26:9, 11, 16, 23

David zei tegen hem: Wat? Bent u niet bevreesd geweest uw hand uit te strekken om de gezalfde van de HEERE om te brengen? v14

En David zei tegen hem: Uw bloed rust op uw eigen hoofd, want uw mond heeft tegen u getuigd door te zeggen: Ík heb de gezalfde van de HEERE gedood. v16

Bergen van Gilboa, laat geen dauw of regen meer op u zijn, op de hooggelegen velden; want daar is het schild van de helden smadelijk weggeworpen, het schild van Saul, niet meer gezalfd met olie. v21
2 Samuël 1:14, 16, 21

Toen kwamen de mannen van Juda en zalfden David daar tot koning over het huis van Juda. Men vertelde David: Het zijn de mannen van Jabes in

Gilead die Saul begraven hebben. v4

Welnu dan, grijp moed en wees dappere mannen, hoewel uw heer Saul gestorven is; en ook heeft het huis van Juda mij tot koning over zich gezalfd. v7

2 Samuël 2:4, 7

Maar ik ben heden zwak, hoewel gezalfd tot koning. Deze mannen, de zonen van Zeruja, zijn echter harder dan ik. Moge de HEERE de kwaaddoener vergelden naar zijn kwaad!

2 Samuël 3:39

Zo kwamen alle oudsten van Israël bij de koning in Hebron. En koning David sloot met hen in Hebron een verbond voor het aangezicht van de HEERE, en zij zalfden David tot koning over Israël. v3

Toen de Filistijnen hoorden dat zij David tot koning over Israël gezalfd hadden, trokken alle Filistijnen op om David te zoeken. Toen David dat hoorde, daalde hij af naar de vesting. v17

2 Samuël 5:3, 17

Toen zei Nathan tegen David: U bent die man! Zo zegt de HEERE, de God van Israël: Ík heb u tot koning gezalfd over Israël en Ík heb u uit Sauls hand gered. v7

Toen stond David op van de grond, waste en zalfde zich en wisselde van kleding. Hij ging het huis van de HEERE binnen en boog zich neer. Daarna kwam hij in zijn huis en vroeg om eten; zij zetten hem voedsel voor en hij at. v20

2 Samuël 12:7, 20

stuurde Joab een bode naar Tekoa en liet vandaar een wijze vrouw halen. Hij zei tegen haar: Doe toch alsof u rouw draagt, trek toch rouwkleding aan, zalf u niet met olie, en wees als een vrouw die al vele dagen rouw draagt over een dode.

2 Samuël 14:2

En David ging al huilend de weg omhoog naar de Olijfberg op, zijn hoofd bedekt, en zelf ging hij barrevoets. Ook van al het volk dat bij hem was, had iedereen zijn hoofd bedekt, terwijl zij al huilend de berg opgingen.
2 Samuël 15:30

En Absalom, die wij tot koning over ons gezalfd hadden, is in de strijd gestorven. Nu dan, waarom laat u na om de koning terug te halen? v10

Toen antwoordde Abisaï, de zoon van Zeruja, en zei: Zou Simeï hiervoor niet gedood worden? Hij heeft immers de gezalfde van de HEERE vervloekt. v21
2 Samuël 19:10, 21

Hij schenkt Zijn koning grote overwinningen en bewijst goedertierenheid aan Zijn gezalfde, aan David en zijn nageslacht tot in eeuwigheid.
2 Samuël 22:51

En dit zijn de laatste woorden van David. David, de zoon van Isaï, spreekt; de man die hoog is opgericht, spreekt, de gezalfde door de God van Jakob, en lieflijk in psalmen van Israël.
2 Samuël 23:1

Daar moet de priester Zadok met de profeet Nathan hem tot koning over Israël zalven. Vervolgens moet u op de bazuin blazen en zeggen: Leve koning Salomo! v34

De priester Zadok nam de oliehoorn uit de tent en zalfde Salomo. Ze bliezen op de bazuin, en heel het volk zei: Leve koning Salomo! v39

En de priester Zadok en de profeet Nathan hebben hem in Gihon tot koning gezalfd, en vandaar zijn zij blij de stad weer binnengetrokken, zodat de stad in rep en roer is. Dat is het geluid dat u gehoord hebt. v45
1 Koningen 1:34, 39, 45

Hiram, de koning van Tyrus, stuurde zijn dienaren naar Salomo, want hij had gehoord dat men Salomo tot koning had gezalfd in de plaats van zijn vader. Hiram was namelijk alle dagen een vriend geweest van David. v1

En Salomo gaf Hiram twintigduizend kor tarwe als voedsel voor zijn huis,
en twintig kor gestoten olie. Salomo gaf dat aan Hiram jaar op jaar. v11
1 Koningen 5:1, 11

In het binnenste heiligdom maakte hij twee cherubs van olijfwilgenhout,
elk tien el in zijn hoogte. v23

Voor de ingang van het binnenste heiligdom maakte hij deuren van
olijfwilgenhout. Het raamwerk van de deurposten vormde een vijfhoek.
De twee deuren waren ook van olijfwilgenhout. Hij bracht er houtsnijwerk
op aan: cherubs, dadelpalmen en ontluikende bloemen, die hij met goud
overtrok. Ook op de cherubs en op de dadelpalmen bracht hij goud aan.
Zo maakte hij ook voor de ingang van de grote zaal deurposten van
olijfwilgenhout, vierhoekig in vorm... v31-33
1 Koningen 6:23, 31, 32, 33

Maar zij zei: Zo waar de HEERE, uw God, leeft! Ik heb geen broodkoek
meer, behalve een handvol meel in de pot en een beetje olie in de kruik! En
zie, ik ben een paar stukken hout aan het sprokkelen. Zodra ik thuis kom,
ga ik het voor mij en voor mijn zoon klaarmaken. Daarna zullen we het
opeten en sterven. v12

Want zo zegt de HEERE, de God van Israël: Het meel in de pot zal niet
opraken en in de kruik zal het aan olie niet ontbreken tot op de dag dat de
HEERE regen op de aardbodem geven zal. v14

Het meel in de pot raakte niet op en in de kruik ontbrak het niet aan olie,
overeenkomstig het woord van de HEERE, dat Hij door de dienst van Elia
gesproken had. V16
1 Koningen 17:12, 14, 16

De HEERE zei tegen hem: Ga heen, keer terug op uw weg, naar de woestijn
van Damascus. Wanneer u daar komt, moet u Hazaël zalven tot koning
over Syrië. En u moet Jehu, de zoon van Nimsi, zalven tot koning over
Israël. En Elisa, de zoon van Safat, uit Abel-Mehola, moet u tot profeet
zalven in uw plaats.
1 Koningen 19:15, 16

Een vrouw, een van de vrouwen van de leerling-profeten, riep tot Elisa om hulp en zei: Uw dienaar, mijn man, is gestorven, en u weet zelf dat uw dienaar de HEERE vreesde. Maar nu is de schuldeiser gekomen om mijn beide kinderen als slaven met zich mee te nemen. Elisa zei tegen haar: Wat kan ik voor u doen? Vertel mij wat u in huis hebt. En zij zei: Uw dienares heeft niets anders in huis dan een kruikje met olie. v1-2

En het gebeurde, toen die kruiken vol waren, dat zij tegen haar zoon zei: Geef mij nog een kruik aan. Maar hij zei tegen haar: Er is geen kruik meer. Toen hield de olie op te stromen. Zij kwam en vertelde het de man Gods. Hij zei: Ga de olie verkopen en betaal uw schuldeiser. En wat u en uw zonen betreft, u kunt leven van wat overblijft. v6-7
2 Koningen 4:1, 2, 6, 7

Maar hij zei tegen hem: Ging mijn hart niet mee, toen die man zich vanaf zijn wagen omkeerde en je tegemoet ging? Was het tijd om dat zilver aan te nemen en gewaden aan te nemen, om olijfbomen en wijngaarden, schapen en runderen, dienaren en dienaressen te kunnen kopen?
2 Koningen 5:26

Toen riep de profeet Elisa een van de leerling-profeten en zei tegen hem: Omgord uw middel, neem deze oliekruik in uw hand en ga naar Ramoth in Gilead. v1

Neem dan de oliekruik, giet die uit over zijn hoofd en zeg: Zo zegt de HEERE: Ik heb u tot koning over Israël gezalfd. Doe daarna de deur open en vlucht weg; wacht niet. v3

Toen stond hij op en ging in huis; hij goot de olie uit over zijn hoofd en zei tegen hem: Zo zegt de HEERE, de God van Israël: Ik heb u gezalfd tot koning over het volk van de HEERE, over Israël. v6

Maar zij zeiden: Dat is een leugen, vertel het ons toch. En hij zei: Dit en dat heeft hij tot mij gezegd: Zo zegt de HEERE: Ik heb u tot koning over Israël gezalfd. v12
2 Koningen 9:1, 3, 6, 12

Daarna bracht hij de zoon van de koning naar buiten, zette hem de diadeem op en gaf hem de getuigenis. Zij maakten hem koning en zalfden hem. Zij klapten in de handen en zeiden: Leve de koning!
2 Koningen 11:12

totdat ik kom en u meevoer naar een land als uw eigen land, een land van koren en nieuwe wijn, een land van brood en wijngaarden, een land van olijven, van olie en van honing. Dan zult u leven en niet sterven. Luister niet naar Hizkia, want hij misleidt u door te zeggen: De HEERE zal ons redden.
2 Koningen 18:32

Zijn dienaren vervoerden hem – gestorven – uit Megiddo; zij brachten hem naar Jeruzalem en begroeven hem in zijn graf. De bevolking van het land nam Joahaz, de zoon van Josia, zalfde hem en maakte hem koning in de plaats van zijn vader.
2 Koningen 23:30

en anderen van hen waren aangesteld over de voorwerpen, namelijk over al de heilige voorwerpen, over de meelbloem, over de wijn, de olie, de wierook en de specerijen.
1 Kronieken 9:29

Zo kwamen alle oudsten van Israël bij de koning in Hebron. En David sloot met hen in Hebron een verbond voor het aangezicht van de HEERE, en zij zalfden David tot koning over Israël overeenkomstig het woord van de HEERE door de dienst van Samuel.
1 Kronieken 11:3

En ook de naburige stammen – tot aan Issaschar, Zebulon en Naftali toe – brachten voedsel op ezels, op kamelen, op muildieren en op runderen; voedsel als meel, klompen vijgen en rozijnenkoeken, wijn en olie, runderen en kleinvee in overvloed, want er was blijdschap in Israël.
1 Kronieken 12:40

Toen de Filistijnen hoorden dat David tot koning over heel Israël gezalfd was, trokken alle Filistijnen op om David te zoeken. Toen David dat

hoorde, trok hij uit hun tegemoet.
1 Kronieken 14:8

Raak Mijn gezalfden niet aan, doe Mijn profeten geen kwaad.
1 Kronieken 16:22

Over de olijfbomen en de wilde vijgenbomen die in het Laagland waren, ging Baäl-Hanan uit Geder; en Joas ging over de schatkamers voor de olie.
1 Kronieken 27:28

Zij brachten de volgende dag de HEERE slachtoffers en brachten de HEERE brandoffers: duizend jonge stieren, duizend rammen, duizend lammeren, met hun plengoffers; en slachtoffers in overvloed voor heel Israël. Zij aten en dronken op die dag voor het aangezicht van de HEERE met grote blijdschap. En zij maakten Salomo, de zoon van David, voor de tweede keer koning en zalfden hem voor de HEERE tot vorst, en Zadok tot priester.
1 Kronieken 29:21, 22

En zie, ik zal uw dienaren, de houthakkers, die het hout hakken, twintigduizend kor uitgeslagen tarwe, en twintigduizend kor gerst, twintigduizend bath wijn, en twintigduizend bath olie geven. v10

Nu dan, laat mijn heer zijn dienaren de tarwe en de gerst, de olie en de wijn, die hij toegezegd heeft, sturen. v15
2 Kronieken 2:10, 15

HEERE God, wijs het gebed van Uw gezalfde niet af. Denk aan Uw blijken van goedertierenheid aan David, Uw dienaar.
2 Kronieken 6:42

En hij versterkte deze vestingen, en stelde leiders over hen aan en sloeg er voedselvoorraden, olie en wijn op...
2 Kronieken 11:11

Door de beschikking van God werd het echter de ondergang van Ahazia door naar Joram te gaan. Toen hij bij hem aangekomen was, trok hij er met

Joram op uit naar Jehu, de zoon van Nimsi, die de HEERE gezalfd had om het huis van Achab uit te roeien.

2 Kronieken 22:7

Daarna brachten zij de zoon van de koning naar buiten, zetten hem de diadeem op en gaven hem de getuigenis. Zij maakten hem koning en Jojada en zijn zonen zalfden hem en zeiden: Leve de koning!

2 Kronieken 23:11

De mannen die met hun namen aangewezen waren, stonden op, grepen de gevangenen, en allen van hen die naakt waren, kleedden zij van de buit. Zij kleedden en schoeiden hen, lieten hen eten en drinken; zij zalfden hen en leidden allen die verzwakt waren, zachtjes op ezels, en brachten hen bij hun broeders in Jericho, de Palmstad. Daarna keerden zij terug naar Samaria.

2 Kronieken 28:15

Toen dat woord zich verspreidde, brachten de Israëlieten veel eerstelingen van koren, nieuwe wijn, olie, honing en van heel de opbrengst van het veld, en zij brachten de tienden van alles in overvloed.

2 Kronieken 31:5

Ook maakte hij voorraadschuren voor de opbrengst van koren, nieuwe wijn en olie; en stallen voor allerlei dieren, en kooien voor de kudden.

2 Kronieken 32:28

Daarom gaven zij geld voor de steenhouwers en voor de ambachtslieden, en eten en drinken en olie voor de Sidoniërs en de Tyriërs, om cederhout te laten komen van de Libanon, over zee naar Jafo, overeenkomstig de vergunning hun verleend door Kores, de koning van Perzië.

Ezra 3:7

En wat nodig is: jonge runderen, rammen en lammeren voor de brandoffers voor de God van de hemel, en tarwe, zout, wijn en olie volgens aanwijzing van de priesters in Jeruzalem; het moet hun dagelijks gegeven worden, zodat er nergens gebrek aan is.

Ezra 6:9

...tot honderd talent zilver, tot honderd kor tarwe, tot honderd bat wijn, tot honderd bat olie; voor zout is er geen voorschrift nodig.
Ezra 7:22

Geef hun toch vandaag nog hun velden, hun wijngaarden, hun olijfbomen en hun huizen terug, en ook het honderdste deel van het geld en het graan, de nieuwe wijn en olie, die u hun leent.
Nehemia 5:11

en dat zij het overal zouden doen horen en een boodschap zouden laten gaan door al hun steden en in Jeruzalem, en zouden zeggen: Ga naar buiten, naar de bergen en breng loof van de olijfboom, loof van de olijfwilg, loof van de mirte, loof van de palmboom, en loof van andere dicht bebladerde bomen, om loofhutten te maken overeenkomstig wat voorgeschreven is.
Nehemia 8:16

Zij hebben versterkte steden en vruchtbare grond ingenomen en hebben huizen in bezit genomen die vol zijn van alle goeds, uitgehakte waterputten, wijngaarden, olijfbomen en vruchtbomen in overvloed. Zij hebben gegeten en zijn verzadigd en welvarend geworden en hebben als in een lusthof geleefd door Uw grote goedheid.
Nehemia 9:25

En de eerstelingen van ons deeg, onze hefoffers, de vrucht van elke boom, nieuwe wijn en olie zullen wij brengen naar de priesters, naar de voorraadkamers van het huis van onze God. De tienden van onze grond brengen wij naar de Levieten; de Levieten krijgen de tienden in alle steden waar wij werken. Ook zal er een priester, een zoon van Aäron, bij de Levieten zijn, als de Levieten de tienden ontvangen. En de Levieten zullen een tiende van de tienden naar het huis van onze God brengen, naar de kamers van het voorraadhuis, want de Israëlieten en de Levieten moeten het hefoffer van graan, nieuwe wijn en olie naar de voorraadkamers brengen; daar zijn immers de voorwerpen van het heiligdom, de priesters die dienstdoen, de poortwachters en de zangers. Wij zullen het huis van onze God niet verwaarlozen.
Nehemia 10:37-39

een grote kamer voor hem gemaakt; daar brachten zij vroeger steeds het graanoffer, de wierook, de voorwerpen, de tienden van het graan, van de nieuwe wijn en de olie – overeenkomstig het gebod voor de Levieten, de zangers en de poortwachters – en het hefoffer voor de priesters. v5

Toen bracht heel Juda de tienden van het graan, de nieuwe wijn en de olie weer naar de voorraadkamers. v12
Nehemia 13:5, 12

En wanneer een meisje aan de beurt was om bij koning Ahasveros te komen, nadat zij twaalf maanden lang behandeld was volgens de bepaling voor de vrouwen – want zoveel dagen duurde hun schoonheidsbehandeling: zes maanden werden zij behandeld met mirreolie en zes maanden met specerijen en schoonheidsmiddelen voor de vrouwen...
Esther 2:12

Hij zal zijn onrijpe druiven afstoten als een wijnstok, en zijn bloesem afwerpen als een olijfboom.
Job 15:33

Tussen hun muren persen zij olie uit, treden de perskuipen, en hebben dorst.
Job 24:11

Toen ik mijn voeten baadde in boter, en de rots bij mij beken van olie uitgoot.
Job 29:6

De koningen van de aarde stellen zich op en de vorsten spannen samen tegen de HEERE en tegen Zijn Gezalfde...
Psalm 2:2

Hij schenkt Zijn koning grote overwinningen en bewijst goedertierenheid aan Zijn gezalfde, aan David en zijn nageslacht tot in eeuwigheid.
Psalm 18:51

Nu weet ik dat de HEERE Zijn gezalfde verlost! Hij zal hem verhoren uit

Zijn heilige hemel, met machtige daden van heil door Zijn rechterhand
Psalm 20:7

U maakt voor mij de tafel gereed voor de ogen van mijn tegenstanders; U zalft mijn hoofd met olie, mijn beker vloeit over.
Psalm 23:5

De HEERE is hun kracht, Hij is de kracht achter de overwinningen van Zijn gezalfde.
Psalm 28:8

U hebt gerechtigheid lief en haat goddeloosheid; daarom heeft Uw God U gezalfd, o God, met vreugdeolie, boven Uw metgezellen. Al Uw kleding geurt van mirre en aloë en kaneel, wanneer U uit de ivoren paleizen komt, waar men U verblijdt.
Psalm 45:8-9

Maar ik zal zijn als een bladerrijke olijfboom in het huis van God; ik vertrouw op Gods goedertierenheid, eeuwig en altijd.
Psalm 52:10

Zijn mond is gladder dan boter, maar zijn hart wil strijd; zijn woorden zijn zachter dan olie, maar het zijn getrokken zwaarden.
Psalm 55:22

O God, ons schild, zie en aanschouw het aangezicht van Uw gezalfde.
Psalm 84:10

Ik heb David, Mijn dienaar, gevonden; met Mijn heilige olie heb Ik hem gezalfd. v21

Maar Ú hebt hem verstoten en verworpen, U bent verbolgen geworden op Uw gezalfde. v39

Daarmee smaden Uw vijanden, HEERE, daarmee smaden zij de voetstappen van Uw gezalfde. v52
Psalm 89:21, 39, 52

Maar U zult mijn hoorn opheffen als die van een wilde os, ik ben met verse olie overgoten.
Psalm 92:11

wijn, die het hart van de sterveling verblijdt, olie, die zijn gezicht doet glanzen, en brood, dat het hart van de sterveling versterkt.
Psalm 104:15

Raak Mijn gezalfden niet aan, doe Mijn profeten geen kwaad.
Psalm 105:15

Laat hij zich met de vloek kleden als met zijn mantel, laat die in zijn binnenste doordringen als water, ja, als olie in zijn beenderen.
Psalm 109:18

Uw vrouw zal zijn als een vruchtbare wijnstok binnen in uw huis, uw kinderen zullen zijn als jonge olijfbomen rondom uw tafel.
Psalm 128:3

Wijs het gebed van Uw gezalfde niet af, omwille van David, Uw dienaar.
v10

Daar zal Ik voor David een hoorn doen opkomen en voor Mijn gezalfde een lamp gereedmaken. v17
Psalm 132:10, 17

Het is als de kostelijke olie op het hoofd, die neerdaalt op de baard, de baard van Aäron, die neerdaalt op de zoom van zijn priesterkleed.
Psalm 133:2

Slaat de rechtvaardige mij, het zal een gunst zijn, bestraft hij mij, het zal olie op mijn hoofd wezen, mijn hoofd zal het niet weigeren; dan nog is mijn gebed voor hen in al hun ellende.
Psalm 141:5

Want de lippen van een vreemde vrouw druipen van honingzeem, haar gehemelte is gladder dan olie...
Spreuken 5:3

Wie blijdschap liefheeft, zal gebrek lijden, wie wijn en olie liefheeft, zal niet rijk worden. v17

In de woning van een wijze ligt een begerenswaardige schat en olie, maar een dwaas mens verspilt die. v20
Spreuken 21:17, 20

Ieder die haar verbergt, verbergt wind, en treft olie aan in zijn rechterhand.
Spreuken 27:16

Laat uw kleding te allen tijde wit zijn en laat op uw hoofd geen olie ontbreken.
Prediker 9:8

Op die dag zal het gebeuren dat zijn last van uw schouder zal afglijden en zijn juk van uw hals; en dat juk zal te gronde gericht worden omwille van de zalving.
Jesaja 10:27

Maar een nalezing zal daarvan overblijven, zoals bij het afschudden van een olijfboom: twee, drie vruchten aan het eind van de bovenste tak, vier, vijf aan de vruchtdragende takken, spreekt de HEERE, de God van Israël.
Jesaja 17:6

Maak de tafel gereed; spreid de kleden; eet, drink. Sta op, vorsten, zalf het schild!
Jesaja 21:5

Want het zal op de aarde, te midden van de volken, zo gaan als bij het afschudden van een olijfboom, als bij de nalezing wanneer de wijnoogst ten einde is.
Jesaja 24:13

Ik zal in de woestijn de ceder zetten, de acacia, de mirt en de oliehoudende boom. Ik zal in de wildernis de cipres plaatsen, samen met plataan en dennenboom...
Jesaja 41:19

Zo zegt de HEERE tegen Zijn gezalfde, tegen Kores, die Ik vastgrijp bij zijn rechterhand, om de volken vóór hem neer te werpen, en de lendenen van koningen zal Ik ontgorden; om deuren voor hem te openen, poorten zullen niet gesloten worden...
Jesaja 45:1

De Geest van de Heere HEERE is op Mij, omdat de HEERE Mij gezalfd heeft om een blijde boodschap te brengen aan de zachtmoedigen. Hij heeft Mij gezonden om te verbinden de gebrokenen van hart, om voor de gevangenen vrijlating uit te roepen en voor wie gebonden zaten, opening van de gevangenis; om uit te roepen het jaar van het welbehagen van de HEERE en de dag van de wraak van onze God; om alle treurenden te troosten; om aangaande de treurenden van Sion te beschikken dat hun gegeven zal worden sieraad in plaats van as, vreugdeolie in plaats van rouw, een lofgewaad in plaats van een benauwde geest, opdat zij genoemd worden eiken van de gerechtigheid, een planting door de HEERE, om Hem te verheerlijken.
Jesaja 61:1-3

Een bladerrijke olijfboom, met welgevormde vruchten, had de HEERE u als naam gegeven. Maar nu heeft Hij onder het geluid van een groot gedruis een vuur onder hem aangestoken, zodat zijn takken gebroken zijn.
Jeremia 11:16

Zij zullen komen en juichen op de hoogte van Sion, zij zullen toestromen naar het goede van de HEERE: naar het koren, naar de nieuwe wijn en naar de olie, naar de lammeren en runderen. Hun ziel zal zijn als een bevloeide hof, zij zullen voortaan niet meer treurig zijn.
Jeremia 31:12

En ik, zie, ik blijf in Mizpa om in dienst van de Chaldeeën te staan die naar ons toe komen. Maar wat u betreft, verzamel wijn, zomervruchten

en olie, doe ze in uw vaten, en verblijf in uw steden die u ingenomen hebt.
Jeremia 40:10

Er bevonden zich echter onder hen tien mannen die tegen Ismaël zeiden:
Breng ons niet ter dood, want wij hebben verborgen voorraden in het veld:
tarwe, gerst, olie en honing. Toen zag hij ervan af en bracht hen niet ter
dood te midden van hun broeders.
Jeremia 41:8

Onze levensadem, de gezalfde van de HEERE, is in hun kuilen gevangen,
hij van wie wij gezegd hadden: in zijn schaduw zullen wij leven onder de
heidenvolken!
Klaagliederen 4:20

Daarop waste Ik u met water, spoelde uw bloed van u af en zalfde u met
olie. v9

Zo werd u getooid met goud en zilver. Uw kleding was van fijn linnen en
zijde, en voorzien van kleurrijk borduurwerk. Meelbloem, honing en olie
at u. U werd buitengewoon mooi, en werd geschikt voor het koningschap.
v13

U nam uw kleurrijk geborduurde kleding en bedekte ze daarmee. U zette
Mijn olie en Mijn reukwerk voor hen neer. En Mijn brood, dat Ik u had
gegeven, en de meelbloem, olie en honing, die Ik u te eten had gegeven,
hebt u hun aangeboden als een aangename geur. Zo gebeurde dat, spreekt
de Heere HEERE. v18-19
Ezechiël 16:9, 13, 18, 19

U bent op een prachtig bed gaan zitten, met daarvoor een gereedgemaakte
tafel, waarop u Mijn reukwerk en Mijn olie had gezet.
Ezechiël 23:41

Juda en het land Israël, díe waren uw handelaars in tarwe van Minnit, fijn
meel, honing, olie en balsem, die zij als handelswaar aan u leverden.
Ezechiël 27:17

U was een cherub die zijn vleugels beschermend uitspreidt. Daarvoor heb Ik u aangesteld. U was op Gods heilige berg, u wandelde te midden van vurige stenen.
Ezechiël 28:14

Dan zal Ik hun wateren laten bezinken, hun rivieren als olie doen stromen, spreekt de Heere HEERE.
Ezechiël 32:14

Wat de verordening van de olie betreft, per bath olie: een tiende van een bath uit een kor – dat is een homer van tien bath, want tien bath is een homer. v14

Verder moet hij voor een graanoffer zorgen, een efa per jonge stier, een efa per ram en een hin olie per efa. In de zevende maand, op de vijftiende dag van de maand, moet hij op het feest gedurende zeven dagen hetzelfde doen, zoals het zondoffer, zoals het brandoffer, zoals het graanoffer en zoals de olie.
Ezechiël 45:14, 24, 25

en het graanoffer, een efa per ram – maar bij de lammeren zal als graanoffer een gave naar zijn vermogen dienen – en als olie een hin per efa. v5

Als graanoffer moet hij voor een efa per jonge stier en een efa per ram zorgen – maar bij de lammeren, al naargelang zijn vermogen reikt – en als olie een hin per efa. v7

Op de feesten en op de feestdagen moet het graanoffer bestaan uit een efa per jonge stier en een efa per ram – maar bij de lammeren, een gave al naargelang zijn vermogen reikt – en als olie een hin per efa. v11

Dan moet u daarop een graanoffer doen, elke morgen een zesde efa en een derde hin olie om de meelbloem vochtig te maken. Het is een graanoffer voor de HEERE, het zijn eeuwige verordeningen, voortdurend. Zij moeten het lam, het graanoffer en de olie elke morgen als voortdurend brandoffer bereiden. v14-15
Ezechiël 46:5, 7, 11, 14, 15

Zeventig weken zijn er bepaald   over uw volk en uw heilige stad, om de overtreding te beëindigen, de zonden te verzegelen, de ongerechtigheid te verzoenen, om een eeuwige gerechtigheid tot stand te brengen, om visioen en profeet te verzegelen, en om de Heiligheid van heiligheden te zalven.
Daniël 9:24

Smakelijk voedsel at ik niet, vlees of wijn kwam niet in mijn mond, en mijzelf zalven deed ik helemaal niet, totdat die drie volle weken voorbij waren.
Daniël 10:3

Want hun moeder heeft hoererij bedreven; zij die van hen zwanger is geweest, heeft zich schandelijk gedragen. Zij zegt immers: Ik ga achter mijn minnaars aan; die geven mij mijn brood en mijn water, mijn wol en mijn vlas, mijn olie en mijn drank. v4

Zíj erkent echter niet dat Ik het ben Die haar gegeven heeft het koren, de nieuwe wijn en de olie, dat Ik het zilver en het goud voor haar vermeerderd heb, dat zij voor de Baäl gebruikt hebben. v7

Dan zal de aarde het koren, de nieuwe wijn en de olie verhoren, en die zullen Jizreël verhoren. v21
Hosea 2:4, 7, 21

Efraïm is een herder van wind en jaagt heel de dag de oostenwind na, leugen en verwoesting vermeerdert hij. Met Assyrië sluiten zij een verbond, olie wordt naar Egypte gebracht.
Hosea 12:2

Zijn jonge loten zullen uitlopen, zodat zijn pracht zal zijn als die van de olijfboom...
Hosea 14:7

Het veld is verwoest, de grond treurt, want het koren is verwoest, de nieuwe wijn opgedroogd, de olie verkommerd.
Joël 1:10

De HEERE antwoordde en zei tegen Zijn volk: Zie, Ik zend u het koren, de nieuwe wijn en de olie, zodat u ermee verzadigd wordt. Ik zal u niet meer overgeven als voorwerp van smaad onder de heidenvolken. v19

De dorsvloeren zullen vol koren zijn, de perskuipen stromen over van nieuwe wijn en olie. v24
Joël 2:19, 24

Ik heb u geslagen met korenbrand en met meeldauw. De sprinkhanen vraten uw talrijke tuinen, wijngaarden, vijgenbomen en olijfbomen op. Toch hebt u zich niet tot Mij bekeerd, spreekt de HEERE.
Amos 4:9

...u, die wijn uit sprengbekkens drinkt en u zalft met de beste olie, maar om de ondergang van Jozef bekommert u zich niet.
Amos 6:6

Zou de HEERE behagen scheppen in duizenden rammen, in tienduizenden oliebeken? Zal ik mijn eerstgeborene geven voor mijn overtreding, de vrucht van mijn moederschoot voor de zonde van mijn ziel? v7

Zelf zult u zaaien, maar niet maaien, zelf zult u olijven treden, maar u niet met olie zalven, en nieuwe wijn oogsten, maar geen wijn drinken. v15
Micha 6:7, 15

U bent uitgetrokken tot heil van Uw volk, tot heil van Uw Gezalfde. U hebt het dak van het huis van de goddeloze verbrijzeld, U legt het fundament bloot tot de hals toe. v13

Al zal de vijgenboom niet in bloei staan en er geen vrucht aan de wijnstok zijn, al zal de opbrengst van de olijfboom tegenvallen en zullen de velden geen voedsel voortbrengen, al zal het kleinvee uit de kooi verdwenen zijn en er geen rund in de stallen over zijn... v17
Habakuk 3:13, 17

...want Ik riep droogte uit over het land en over de bergen en over het koren, over de nieuwe wijn en over de olie, en over wat het land oplevert,

over de mensen en over de dieren en over al de inspanning van uw handen.
Haggai 1:11

Zie, iemand draagt geheiligd vlees in de punt van zijn kleding en raakt met de punt ervan brood, gekookt voedsel, wijn, olie, of welk voedsel dan ook, aan; wordt het dan heilig? Toen antwoordden de priesters en zeiden: Nee.
v13

Ligt er nog zaad in de schuur? Zelfs tot de wijnstok, de vijgenboom, de granaatappelboom toe, en de olijfboom, die geen vrucht gedragen heeft, die zal Ik vanaf deze dag zegenen. v20
Haggai 2:13, 20

Hij zei tegen mij: Wat ziet u? Daarop zei ik: Ik zie, en zie, een kandelaar, geheel van goud, met een olievaatje aan de bovenkant ervan en daarbovenop zeven bijbehorende lampen met telkens zeven toevoerbuisjes aan de lampen, die daarboven zitten, met twee olijfbomen ernaast, een aan de rechterkant van het olievaatje en een aan de linkerkant ervan. v2-3

Daarna antwoordde ik en zei tegen Hem: Wat betekenen die twee olijfbomen aan de rechterkant van de kandelaar en aan de linkerkant ervan? En voor de tweede keer antwoordde ik en zei tegen Hem: Wat betekenen die twee olijftakken die door twee gouden buisjes gouden olie uit zich weg laten lopen? Toen sprak Hij tot mij: Weet u niet wat deze dingen betekenen? Ik zei: Nee, mijn Heere. Daarop zei Hij: Dat zijn de twee gezalfden, die bij de Heere van heel de aarde staan. v11-14
Zacharia 4:2, 3, 11, 12, 14

Daarop zei Hij: Dat zijn de twee gezalfden, die bij de Heere van heel de aarde staan.
Zacharia 14:4

Nieuwe Testament

Maar u, als u vast, zalf dan uw hoofd en was uw gezicht...
Mattheüs 6:17

En toen zij Jeruzalem naderden en in Bethfagé bij de Olijfberg gekomen waren, zond Jezus twee discipelen uit en zei tegen hen...
Mattheüs 21:1

Toen Hij op de Olijfberg zat, gingen de discipelen naar Hem toe toen zij alleen waren, en zeiden: Zeg ons, wanneer zullen deze dingen gebeuren? En wat is het teken van Uw komst en van de voleinding van de wereld?
Mattheüs 24:3

Zij die dwaas waren, namen wel hun lampen maar geen olie met zich mee. De wijzen namen met hun lampen ook olie mee in hun kruikjes. v3-4

De dwazen zeiden tegen de wijzen: Geef ons van uw olie, want onze lampen gaan uit. Maar de wijzen antwoordden: In geen geval, anders is er misschien niet genoeg voor ons en u. Ga liever naar de verkopers en koop olie voor uzelf. Toen zij weggingen om olie te kopen, kwam de bruidegom; en zij die gereed waren, gingen met hem naar binnen naar de bruiloft, en de deur werd gesloten. v8-10
Mattheüs 25:3, 4, 8, 9, 10

Toen Jezus in Bethanië was, in het huis van Simon de melaatse, kwam er een vrouw naar Hem toe die een albasten fles met zeer kostbare zalf had; en zij goot die uit op Zijn hoofd terwijl Hij aanlag. Toen Zijn discipelen dat zagen, waren zij verontwaardigd en zeiden: Waartoe deze verkwisting? Deze zalf had immers duur verkocht kunnen worden en de opbrengst aan de armen gegeven. v6-9

Want toen zij deze zalf op Mijn lichaam goot, deed zij dat als voorbereiding op Mijn begrafenis. v12

En toen zij de lofzang gezongen hadden, vertrokken zij naar de Olijfberg. v30
Mattheüs 26:6, 7, 9, 12, 30

En zij dreven veel demonen uit en zalfden veel zieken met olie en maakten hen gezond.
Markus 6:13

En toen zij Jeruzalem naderden, bij Bethfagé en Bethanië, dicht bij de Olijfberg, zond Hij twee van Zijn discipelen uit...
Markus 11:1

En toen Hij op de Olijfberg zat, tegenover de tempel, vroegen Petrus, Jakobus, Johannes en Andreas Hem toen zij alleen waren...
Markus 13:3

En toen Hij in Bethanië was, in het huis van Simon de melaatse, kwam er, toen Hij aanlag, een vrouw met een albasten fles met zuivere, kostbare narduszalf en nadat zij de albasten fles gebroken had, goot zij hem uit op Zijn hoofd. En er waren er sommigen die verontwaardigd waren bij zichzelf en zeiden: Waartoe diende deze verkwisting van de zalf? v3-4

Zij heeft gedaan wat zij kon; zij heeft van tevoren Mijn lichaam gezalfd voor de begrafenis. v8

En toen zij de lofzang gezongen hadden, vertrokken zij naar de Olijfberg. v26
Markus 14:3, 4, 8, 26

En toen de sabbat voorbijgegaan was, hadden Maria Magdalena, Maria, de moeder van Jakobus, en Salome specerijen gekocht om Hem te gaan zalven.
Markus 16:1

De Geest van de Heere is op Mij, omdat Hij Mij gezalfd heeft; Hij heeft Mij gezonden om aan armen het Evangelie te verkondigen, om te genezen wie gebroken van hart zijn...
Lukas 4:18

En zie, een vrouw in de stad die een zondares was, kwam te weten dat Hij in het huis van de Farizeeër aanlag, en zij bracht een albasten fles met zalf mee. En staande achter Zijn voeten, begon zij huilend Zijn voeten nat te maken met tranen, en zij droogde ze af met het haar van haar hoofd, en zij kuste Zijn voeten en zalfde ze met de zalf. v37-38

...met olie hebt u Mijn hoofd niet gezalfd, maar zij heeft Mijn voeten met zalf gezalfd. v46
Lukas 7:37, 38, 46

En hij ging naar hem toe, verbond zijn wonden en goot er olie en wijn op. Hij tilde hem op zijn eigen rijdier, bracht hem naar een herberg en verzorgde hem.
Lukas 10:34

En hij zei: Honderd vaten olie. En hij zei tegen hem: Neem uw schuldbekentenis, ga zitten en schrijf snel vijftig.
Lukas 16:6

En het gebeurde, toen Hij dicht bij Bethfagé en Bethanië gekomen was, bij de berg die de Olijfberg heette, dat Hij twee van Zijn discipelen uitzond. v29

Toen Hij reeds dicht bij de helling van de Olijfberg was gekomen, begon de hele menigte van de discipelen zich te verblijden en God met luide stem te loven om alle machtige daden die zij gezien hadden. v37
Lukas 19:29, 37

Overdag nu gaf Hij onderwijs in de tempel, maar 's nachts ging Hij de stad uit en overnachtte op de berg die de Olijfberg heet.
Lukas 21:37

En Hij ging de stad uit en vertrok, zoals Hij gewoon was, naar de Olijfberg; en ook Zijn discipelen volgden Hem.
Lukas 22:39

En toen zij teruggekeerd waren, maakten zij specerijen en mirre gereed. En op de sabbat rustten ze overeenkomstig het gebod.
Lukas 23:56

Jezus echter ging naar de Olijfberg.
Johannes 8:1

Nadat Hij dit gezegd had, spuwde Hij op de grond, maakte slijk met het speeksel en streek het slijk op de ogen van de blinde... v6

Hij antwoordde en zei: Een Mens, genaamd Jezus, maakte slijk, bestreek mijn ogen en zei tegen mij: Ga heen naar het badwater Siloam en was u. En ik ging weg, waste mij en werd ziende. v11
Johannes 9:6, 11

Maria nu was het die de Heere gezalfd heeft met mirre en Zijn voeten afgedroogd heeft met haar haren; haar broer Lazarus was ziek.
Johannes 11:2

Jezus dan kwam zes dagen voor het Pascha in Bethanië, waar Lazarus was, die gestorven was maar die Hij uit de doden opgewekt had. Zij nu bereidden daar een maaltijd voor Hem, en Martha bediende; en Lazarus was een van hen die met Hem aanlagen. Maria dan nam een pond zuivere narduszalf van zeer grote waarde, zalfde de voeten van Jezus en droogde Zijn voeten met haar haren af; en het huis werd vervuld met de geur van de zalf. Toen zei een van Zijn discipelen, Judas Iskariot, de zoon van Simon, die Hem verraden zou: Waarom is deze zalf niet voor driehonderd penningen verkocht en aan de armen gegeven?
Johannes 12:1-5

Toen keerden zij terug naar Jeruzalem, van de berg die de Olijfberg genoemd wordt, die vlak bij Jeruzalem is en daar een sabbatsreis vandaan ligt.
Handelingen 1:12

Want, in waarheid, tegen Uw heilig Kind Jezus, Die U gezalfd hebt, zijn Herodes en Pontius Pilatus samen met de heidenen en de volken van Israël bijeengekomen...
Handelingen 4:27

...hoe God Jezus van Nazareth gezalfd heeft met de Heilige Geest en met kracht en hoe Hij het land doorgegaan is, terwijl Hij goeddeed en allen die door de duivel overweldigd waren, genas, want God was met Hem.
Handelingen 10:38

Als nu enige van die takken afgerukt zijn, en u, die een wilde olijfboom bent, in hun plaats bent geënt en mede deel hebt gekregen aan de wortel en de vettigheid (of 'zalving') van de olijfboom... v17

Want als u afgehouwen bent uit de olijfboom die van nature wild was, en tegen de natuur in op de tamme olijfboom geënt bent, hoeveel te meer zullen zij die natuurlijke takken zijn, geënt worden op hun eigen olijfboom. v24

Romeinen 11:17, 24

En Hij Die ons met u bevestigt in Christus en ons gezalfd heeft, is God...

2 Korinthe 1:21

U hebt gerechtigheid lief en haat ongerechtigheid. Daarom heeft Uw God U gezalfd, o God, met vreugdeolie, boven Uw metgezellen.

Hebreeën 1:9

Kan ook, mijn broeders, een vijgenboom olijven voortbrengen, of een wijnstok vijgen? Evenmin kan een bron zout én zoet water voortbrengen.

Jakobus 3:12

Is iemand onder u ziek? Laat hij dan de ouderlingen van de gemeente bij zich roepen en laten die voor hem bidden en hem met olie zalven in de Naam van de Heere.

Jakobus 5:14

Maar u hebt de zalving van de Heilige en u weet alles. v20

En wat u betreft, de zalving die u van Hem hebt ontvangen, blijft in u, en u hebt het niet nodig dat iemand u onderwijst; maar zoals deze zalving u onderwijst met betrekking tot alle dingen – en die zalving is waar en is geen leugen – en zoals ze u heeft onderwezen, zo moet u in Hem blijven. v27

1 Johannes 2:20, 27

Ik raad u aan dat u van Mij goud koopt, gelouterd door het vuur, opdat u rijk wordt, en witte kleren, opdat u bekleed bent en de schande van uw naaktheid niet openbaar wordt. En zalf uw ogen met ogenzalf, opdat u zult

kunnen zien.
Openbaring 3:18

En ik hoorde te midden van de vier dieren een stem zeggen: Een maat tarwe voor een penning en drie maten gerst voor een penning. En breng de olie en de wijn geen schade toe.
Openbaring 6:6

Zij zijn de twee olijfbomen en de twee kandelaars, die voor de God van de aarde staan.
Openbaring 11:4

...en kaneel, reukwerk, mirre, wierook, wijn, olie, meelbloem en tarwe, lastdieren en schapen, paarden en wagens, en lichamen en zielen van mensen.
Openbaring 18:13

ANDERE BOEKEN VAN ROBIN PRIJS

AAN DE RAND VAN OPWEKKING

Een opwekking is een initiatief van God. Dat is wat veel kerken altijd onderwezen hebben, en ten dele klopt dit ook wel. Maar betekend dit dan ook dat opwekkingen slechts willekeuring plaatsvinden, zonder dat wij daar iets aan kunnen bijdragen? Zeker niet. Nog sterker, een opwekking is altijd al beschikbaar geweest. Een ieder die zich daarnaar uitstrekt, en gewoon wil doen wat God van ons verlangt, kan een opwekking teweegbrengen. Hoewel wij opwekkingen zien als een buitengewone gebeurtenis, is het feitelijk niets meer of minder dan Gods standaart. Het basisniveau van het Christelijk leven. De kracht van God, het vuur van God en alle wonderen en tekenen zouden gewoon deel uit moeten maken van het leven van iedere Christen. Wil God een opwekking geven in deze tijd en generatie? Ja! Maar daar bovenop leven we ook nog eens in een tijd waarin de late regen beschikbaar is, of zoals de Bijbel het letterlijk noemt: De extra maat of hoeveelheid...

NOOIT MEER LEVEN IN DE LEUGEN

Dit is een waargebeurd verhaal zoals je waarschijnlijk nog nooit gehoord hebt. Geboren en getogen in een Christelijk gezin groeide Robin op in de kerk en hoorde alles over het evangelie. Toch begon hij in zijn tienerjaren een zoektocht naar het occulte, wat ertoe leidde dat hij zijn leven aan satan zou geven. Gevangen in een leven van leugens, verwoesting en zonde, dreef dit hem naar het punt waar hij zelfmoord wilde plegen. Tot hij Jezus ontmoette. Hij besloot zijn leven om te keren en begon Jezus te volgen, maar de strijd was nog lang niet voorbij.

OVER LOVEUNLIMITED

Door het hele Woord van God kunnen we altijd zien hoe God de minste koos, de onwaarschijnlijke mensen, de bange mensen, de zwakke mensen, de hopeloze mensen en de mensen die nooit door een meerderheid gekozen zouden worden. En Hij maakte geloofshelden van hen, Hij maakte ze grote strijders en overwinnaars. Niet omwille van wie zij waren, maar omwille van wie Hij is. Dat is Zijn identiteit, Zijn naam en Zijn kracht, die door de harten en levens van deze mensen heen heeft gewerkt. Vandaag de dag werkt God nog precies hetzelfde. Er is dus niets mis mee om op een plaats van zwakte te zijn en op een plaats waar uw eigen mogelijkheden en vaardigheden ten einde komen. Want dat is de perfecte plaats voor God om het over te nemen. Dat is de plaats waar de echte kracht van start gaat.

Wanneer we door dalen, door pijn, door verliezen, door verdriet, door vernedering, door beschaming, door wanhoop en door sterven aan onszelf gaan, op onze weg naar de top van de berg, dan moeten we ons altijd de waarheid voor ogen houden: God is trouw. Altijd en overal. Zijn volledig Woord is waar. Altijd en overal. Zelfs als we nog niets met onze natuurlijke ogen kunnen zien. Zelfs wanneer het leven pijn doet. U bent geen uitzondering. Hij was, is en zal altijd trouw aan u zijn. Zijn Woord zal nooit veranderen. En als Zijn Woord nooit verandert, dan zal de uitkomst van uw leven gegarandeerd zijn. Nimmer zal het eeuwig woord des Heren falen. Ongeacht de situatie waar u nu in zit. Houd uw ogen gericht op Jezus. De vijand zal komen om te proberen uw focus van Jezus weg te roven. Hij zal proberen om uw focus te richten op uw omstandigheden, op uw verliezen en op alles wat er verkeerd is gegaan in uw leven. En soms slaagt hij erin dat voor elkaar te krijgen. Maar zoals ik al eerder zei, ook de rechtvaardigen vallen. Maar het verschil is dat de rechtvaardigen altijd weer opstaan. Het is nog niet te laat. Als uw focus op dit moment niet op Jezus gericht is, dan nodigt Jezus u uit om weer op te staan en om op Hem te zien. U zult altijd in de richting van uw focus bewegen. Hoe vestigt u uw blik weer op Hem? Begin weer te bidden, aanbid Hem en besteed tijd in Zijn Woord. Laat Hem Zijn kracht vrijzetten in uw leven. Die kracht zal niet uw omstandigheden veranderen, maar het zal beginnen om u te veranderen. En wanneer u begint te veranderen, dan zullen uw omstandigheden ook gaan veranderen.

Het grootste getuigenis, ten opzichte van Jezus Christus, waren niet de tekenen en wonderen. Het waren de levens die veranderd werden. En dan heb ik het over echte verandering. Het soort verandering dat opgemerkt kan worden door vrienden, familie en iedereen die u kent. Het is het getuigenis "Jezus heeft mij veranderd", terwijl iedereen ook in staat is om dat te zien en te bevestigen. God is nooit veranderd. Jezus is nooit veranderd. Dat is nog steeds het grootste getuigenis van allemaal. Het is enorm. Verandering zal misschien niet binnen een dag komen, maar het zal komen wanneer we onze ogen gericht houden op Jezus. Wat mijn leven en bediening betreft, het is mijn hoop, verlangen en gebed dat dit getuigenis de grootste vrucht van allemaal mag zijn. Echte verandering. Harten die volledig aan Jezus zijn overgegeven. Levens die volledig hersteld zijn. Dat is het doel van mijn leven, dat is het doel van LoveUnlimited Ministries.

Als u meer wilt weten over deze bediening of ons wilt leren kennen, dan nodigen wij u uit om onze website te bezoeken via de onderstaande link. Als u dit werk mee wilt ondersteunen, dan kan dat ook via de dezelfde link. Alvast onze hartelijke dank.

www.love-unlimited.nl

ZALFOLIE

Naast het publiceren van opbouwende en gefundeerde Bijbelstudies en het organiseren van conferenties, seminars en thema-avonden, was LoveUnlimited Ministries ook al ruim negen jaar importeur en leverancier van Zalfolieproducten.

Zalfolie maken is een kunst. Kwalitatieve Zalfolie maken is dat des te meer. Daar zijn we door de jaren heen wel achter gekomen. In die periode hebben we alle in Nederland verkrijgbare Zalfolie merken in ons assortiment gehad. Maar al snel bleken heel veel van die merken kwalitatief beneden de maat te zijn. De geur was heel lichtjes of nauwelijks waarneembaar, of de Zalfolie begon, een half uur na gebruik, te stinken naar rotte olijf. Dat vonden we niet echt passend, gezien de prachtige betekenis van het gebruik van Zalfolie. Daarom zijn we steeds blijven zoeken en proberen, totdat we uiteindelijk bij Abba Oil uitkwamen.

Abba Oil is al jarenlang actief en produceert kwalitatief hoogwaardige Zalfolie, die na gebruik niet gaat stinken. Tevens zijn ze ook niet zuinig met de geurolie, waardoor de Zalfoliën een heerlijke goed waarneembare geur met zich meedragen. De Zalfolie wordt geproduceerd met olijfolie die afkomstig is uit de regio Galilea, Israël.

Jarenlang hebben wij de beste Zalfolie voor Nederland beschikbaar gemaakt en hebben we vele kerken, bedieningen en personen mogen dienen. Per eind 2017 is hier echter verandering in gekomen en werd het voor ons onmogelijk om dit werk te continueren. Derhalve hebben wij een bevriende bediening gevraagd of zij het werk wilden voortzetten. Dat hebben zij ook gedaan, waardoor de kwalitatieve en betaalbare Zalfolie ook voor Nederland beschikbaar is gebleven. Voor alle Zalfolie producten bevelen wij hen van harte bij u aan:

www.zalving.nl

www.ingramcontent.com/pod-product-compliance
Lightning Source LLC
LaVergne TN
LVHW091252080426
835510LV00007B/234